SWIM TWO A's
AT SWIM THREE ASSES
AT SWIM TWO THINGS
AT SWIM FOUR BIRDS
SWIM TWO ROCKS
AT SWIM FOUR PIGS
AT SWIM FOUR MEN
AT SWIM TWO BOTTLE
SWIM TWO A's
AT SWIM THREE ASSES
AT SWIM TWO THINGS
AT SWIM FOUR BIRDS
SWIM TWO ROCKS
AT SWIM FOUR PIGS
AT SWIM FOUR MEN
AT SWIM TWO BOTTLES
SWIM TWO A's
AT SWIM THREE ASSES
AT SWIM TWO THINGS
AT SWIM FOUR BIRDS

Harry Rowohlt

erzählt Ralf Sotscheck sein Leben von der Wiege bis zur Biege

In Schlucken-zwei-Spechte

Fotos von Ulla Rowohlt

Critica
Diabolis
104

Edition
TIAMAT

Vorwort

Als Harry Rowohlt mich vor ein paar Jahren am Hamburger Hauptbahnhof abholte, hatte er Frank McCourts Buch »Die Asche meiner Mutter« unter dem Arm, frisch von ihm übersetzt. »Ein Vorabexemplar«, sagte er, »das Buch kommt nächste Woche in die Läden.« Zehn Stunden später, in denen er mir die Kneipenszene seiner Heimatstadt anhand von praktischen Beispielen erläuterte, hatte ich die Plastiktüte mit meiner Reiselektüre längst verloren, doch Harry Rowohlt hatte seinen McCourt noch immer unter dem Arm. Da wußte ich, daß es ein außergewöhnliches Buch sein mußte.

Was in den zehn Stunden dazwischen geschehen war, ist mir nur bruchstückhaft in Erinnerung. Angefangen hatte es in einem Hamburger Irish Pub, wo ein Länderspiel der deutschen Fußballnationalmannschaft übertragen wurde. Bertis Buben verloren, was wir mit mehreren Guinness begingen, bevor wir zügig zum Whiskey überwechselten. Schließlich war Harry Rowohlt gerade »Ambassador of Irish Whiskey« geworden, und solch ein Titel verpflichtet. Beim Lokalwechsel hatten wir in der S-Bahn den gleichen Gedanken: »Nächste Station. Egal, was sich uns in den Weg stellt.« Mit entleerter Blase ging es weiter. Zum Schluß landeten wir in »Nummer Sieben«, einer Hafenkneipe, und an unserem Tisch stand eine Babsi im engen, giftgrünen Kleid und wurde hinterrücks von ihrem Freund angegrabbelt. Babsi sagte mit tonloser Stimme: »Ich glaub', ich krieg' die Krise.«

Man muß aber nicht unbedingt mittrinken, es ist fast

so schön, Harry Rowohlt beim Trinken zuzusehen. »Schausaufen mit Betonung«, so nennt er seine Lesungen, bei denen er aus übersetzten Werken liest oder seine eigenen Kolumnen vorträgt, die in der Rubrik »Pooh's Corner« unregelmäßig in der *Zeit* erschienen. Sie hießen »Hippie Lehmann, die Sofa-Schnute«, oder »Ich bin das Ohr eines Mannes aus Connaught«, oder auch »Im Speisewagen mit Jutta Ditfurth«, und es standen Sätze drin wie: »Früher, wenn man sich keine Namen merken konnte, hieß das vergeßlich. Inzwischen heißt das Alzheimer. Und wieder muß man sich einen Namen merken.«

Wer zu Harry Rowohlts Lesungen geht, sollte sich für den Rest des Abends nichts vornehmen, unter fünf Stunden kommt man nicht weg. »Ich kann euch nur bewundern«, rief er dem Publikum einmal zu. »Das könnte ich nie, so lange sitzen und zuhören.« Sagen Sie hinterher nicht, Sie seien nicht gewarnt worden.

Aber eigentlich ist Harry Rowohlt Übersetzer, und das kann er gut, er gewinnt jedes Jahr einen Preis, auch wenn er nicht angemessen dafür bezahlt wird. »Meine Herren. Meine Damen. Meine sehr verehrten Personen«, schrieb er einmal. »Ich beantrage – und wenn Sie morgens noch nicht so fett mögen, schlage ich vor –, daß Sie es sich noch ein paarmal überlegen, bevor Sie Übersetzer werden. Zu dreifuffzich die Stunde.«

Vor einer Weile hat Harry Rowohlt sein hundertstes Buch übersetzt, »Killoyle« von Roger Boylan, einem Iren. Und um einen weiteren Iren, der aber nicht mehr lebt, hat er sich besonders verdient gemacht: Flann O'Brien, the drinking man's Joyce. »Diese Art Journalismus, der das Medium der seriösen Tageszeitung mißbraucht, um hemmungslos hellsichtigen Schabernack zu treiben, hat es vorher und nachher nicht gegeben«, sagte Rowohlt über O'Brien. Die beiden hätten sich gut verstanden.

Schauspieler ist Harry Rowohlt auch, nämlich in der »Lindenstraße«, und weil er soviel erlebt hat und zahlreiche wichtige Menschen kennt, kam der Verleger Klaus Bittermann auf die Idee zu diesem Buch: »Ihr sitzt doch ohnehin immer in der Kneipe und erzählt euch gegenseitig Geschichten. Laßt doch einfach mal ein Tonband mitlaufen.« Wir haben die Gespräche an sieben Tagen im Juli 2001 aufgenommen – allerdings nicht im Wirtshaus, sondern im Garten eines Cottages in Ballyvaughan an der irischen Westküste, und zwar bei zahlreichen Kannen Tee. Jawohl: Tee.

Übrigens sind sowohl der Verleger, als auch Harry Rowohlt und ich Widder mit Aszendent Schütze. Was das bedeuten mag, weiß ich aber nicht. Und noch etwas: Fragen Sie Harry Rowohlt, ob er etwas mit dem Rowohlt-Verlag zu tun hat. Für diese Frage, die ihm ständig gestellt wird, berechnet er fünf Euro und verdient sich ein nicht zu verachtendes Zubrot. Andererseits können Sie das Geld auch sparen: Diese und andere Fragen werden auf den nächsten Seiten beantwortet.

Ralf Sotscheck

1. Tag

Kindheit

RALF SOTSCHECK: *Als wir uns vor vielen Jahren kennenlernten, hatte ich noch einen Bart, und deiner war schwarz. Jetzt bin ich glattrasiert und dein Bart ist grau. Hast du mal erwogen, ihn zu färben, damit man die Essensreste nicht sieht?*

HARRY ROWOHLT: Das habe ich schon mal gemacht, aber nicht wegen der Essensreste. Damals war ich Lehrling im Suhrkamp-Insel-Verlag und als solcher auch Praktikant bei der Firma »Clausen und Bosse« in Leck in Nordfriesland. Alle anderen Suhrkamp-Insel-Lehrlinge gingen zum Druckerei- und Setzerei-Praktikum nach Heidelberg und belegten Gastvorlesungen. Ich mußte in die dem Rowohlt Verlag assoziierte und von ihm auch gegründete Druckerei »Clausen und Bosse« in Leck. Das war aber nicht so schlimm. Ich fühlte mich wie in Dodge City. Leck war früher eine Cowtown. Da wurden Rinder aus Dänemark auf dem Weg zum Schlachthof durchgetrieben, weshalb es dort mehr Kneipen als Häuser gab. Manchmal gab es in einem Haus sogar zwei Kneipen. Ich hatte den Eindruck, irgendetwas muß ich von diesem Aufenthalt mitbringen, weshalb ich mir einen Bart stehen ließ. Den sah man nur im Gegenlicht, weil da nur weißblonder Flaum war. Also habe ich meine Nichte Muschi bestochen, daß sie mir in der Drogerie Polycolor-Färbe-Shampoo holt. Sie hat mir in die Hand versprochen, daß sie das niemandem sagt. Ich färbte mir diesen Bartflaum mit Polycolor dunkel, und seitdem ist der Bart sichtbar. Er blieb seltsamerweise dunkel. Der Bart hatte also gemerkt, was von ihm erwartet wurde.

Ich habe mir wegen Guinness den Bart abrasiert. Die

Brauerei hat nämlich herausgefunden, daß jedes Jahr über 150.000 Pints Guinness in den Schnurrbärten der Trinker hängen bleiben. Bevor ich dem Guinness verfallen bin, hatte ich mir schon mal aus Neugier den Bart abgenommen, aber dann erkannte mich meine Tochter nicht mehr, und in die DDR wollten sie mich nicht einreisen lassen, weil ich keine Ähnlichkeit mit meinem Paßfoto hatte.

Ich sollte mal für das *Zeit*-Magazin einen Report über die Kneipenszene am Prenzlauer Berg machen. Der Fotograf war vierzehn Tage vor mir dagewesen und hatte die wunderschönen Kneipen fotografiert, und als ich hinkam, waren diese Kneipen, bis auf eine, aus baupolizeilichen Gründen geschlossen worden. Eine ganze Serie über eine einzige Kneipe machen, das ging ja nicht. Also hat sich die Reportage zerschlagen. In der einzigen Kneipe, die es noch gab, war ein richtiger Kellner, der sogar eine Kellnermontur trug. Eine Dame beschwerte sich: »Mein Sprudelwasser sprudelt gar nicht.« Der Kellner sagte: »Was glauben sie, weshalb ick schwarz trage.« Die DDR gab es zwar noch, aber nicht mehr lange. Überall war die Perestroika ausgebrochen, und ich bin in Ostberlin mit der S-Bahn gefahren. Der ganze Waggon diskutierte leidenschaftlich, und ein älterer Herr sagte, auf mich deutend: »Dieser junge Mann zum Beispiel hat sich, weil er mit den herrschenden Verhältnissen nicht einverstanden ist, einen Bart stehen lassen. Zu seiner Zeit trug ich ein Menjoubärtchen, det hat die Frauenzimmer wild gemacht.«

Hast du jemals erwogen, dir den Bart abzurasieren, um zu sehen, was darunter ist?

Ich hab mir mal die Stirnhöhlen, beziehungsweise die Nebenhöhlen fenstern lassen. Man kann auch Stirnnebenhöhlen sagen. Ich tendiere zu Stirnnebenhöhlen.

Wenn schon, denn schon. Kurz vorher war in Hamburg ein Mann unter Vollnarkose gestorben, weil man ihn wegen des Bartes nicht beatmen konnte. Der ganze wertvolle Sauerstoff verlor sich im Bart. Also mußte der Bart ab, weshalb ich mich seit Jahrzehnten zum ersten Mal rasiert habe. Bei dieser Gelegenheit stellte ich fest, daß das Kinngrübchen, das in meinem Wehrpaß noch zu sehen ist, nicht mehr da war – ein Grübchen wie das von Kirk Douglas. Ich hatte auch kein Kinn mehr. Es war verkümmert, weil es jahrzehntelang niemand gesehen hatte. Das gibt es oft bei Organen, die nicht verwendet werden. Ich sah mit meinen blöden langen Haaren aus wie Frau Ponnwitz, so daß ich mir auch noch die Haare abgeschnitten habe. Kurz danach hatte ich eine Lesung in Braunschweig, in der Buchhandlung Leporello. Die wollten mich nicht lesen lassen, weil auf dem Plakat jemand anderes abgebildet war. Am nächsten Tag hatte ich eine Lesung in Hamburg-Barmbek beim U- und S-Bahnhof. Ich tupfte mir die Nase immer mit einem Tempotaschentuch, weil wegen der Operation noch Blut rann. In der Pause sagte eine Dame zu mir: »Ich finde das ein bißchen affig, daß so ein knorriger Typ wie Sie sich immer fein das Näschen mit einem Papiertaschentuch betupft, noch dazu mit einem Papiertaschentuch mit aufgedruckten Röschen.« Da habe ich ihr gezeigt, was es mit den Röschen auf sich hatte. Sie ist dann rückwärts in eine Zinkbadewanne voller Wasser mit Eiswürfeln und Guinness-Pullen gefallen.

Jedenfalls bist du nicht mit Bart geboren worden, sondern als unbehaartes Kriegsbaby.

Ich wurde in der Hochallee 1 in Hamburg 13 geboren. Im Luftschutzkeller, als Zehn-Monats-Kind. Immer, wenn ich soweit war, begann der Fliegeralarm, und ich dachte mir, ich bin doch nicht doof. Ich hab mir jetzt ausbedungen, daß in Kurzviten nicht mehr irgendetwas

Kreatives steht. Da steht nur noch Harry Rowohlt, geboren 1945 in Hamburg 13, lebt in Hamburg Eppendorf. Für Kenner ist das ein leichter Abstieg, aber noch nicht die schiefe Bahn, man braucht sich also noch keine Sorgen zu machen.

Bei dem Nachnamen sowieso nicht. Das ist doch deine Lieblingsfrage: »Haben Sie etwas mit dem Rowohlt Verlag zu tun?« Jeder, der sie stellt, muß fünf Mark an eine Wohltätigkeitsorganisation spenden, oder?

Jawohl. Es ist eine Last, wenn man Rowohlt heißt. Im Hamburger Telefonbuch stehen, außer dem Rowohlt Verlag, meiner Mutter und mir, noch zwei weitere Rowohlts, und irgendwann abends habe ich die beiden angerufen, ganz leicht angeheitert und mit entsprechend erhöhter Risikobereitschaft. Ich telefoniere eigentlich nur, wenn ich ganz leicht angeheitert bin. Wenn ich nicht betrunken bin, habe ich keine Lust, weil ich dann übersetze. Aber manchmal will man sich halt ein bißchen mitteilen. Ich habe schon erwogen, einen Alkoholmelder am Telefon anbringen zu lassen, aber dann würde ich ja gar nicht mehr telefonieren. Ich rief also die beiden übrigen Rowohlts im Hamburger Telefonbuch an, um sie zu fragen, ob es ihnen auch so auf den Wecker geht, immer gefragt zu werden, ob sie etwas mit dem Rowohlt Verlag zu tun haben? Der eine ist Weinhändler und sagte: »Nö, ich habe mich daran gewöhnt, ich weiß ja, wer ich bin.« Und der andere hieß Jörg Rowohlt, war damals Leiter der Hamburger Schwuleninitiative e.V. und klang wie jemand, der bösartig Fritz J. Raddatz nachmacht: »Was wollen Sie überhaupt von mir?«

Aber als du geboren wurdest, hattest du einen anderen Nachnamen.

Geboren wurde ich als Harry Rupp, weil meine Mutter damals in dritter und vorletzter Ehe mit dem Kunstmaler Max Rupp aus Idar-Oberstein verheiratet war. Dessen Wirken läßt sich in Idar-Oberstein immer noch verfolgen. Er hat Kunst am Bau gemacht und furchtbar herumgewütet, ganz grauenvoll. Deshalb hieß ich zunächst Harry Rupp. Als sich meine Mutter scheiden ließ, hieß ich Harry Pierenkämper-Rupp, nach dem Mädchennamen meiner Mutter. Ich war schon als Kleinkind eine männliche Doppelnamen-Tusse. Als ich schreiben lernte, gab es gewisse Probleme. »Harry« konnte ich bereits nach dem ersten Schultag schreiben. Mein Lehrer, Herr Stabwitz, erklärte mir das so: Das H ist eine kurze Leiter. Das kleine a ist ein Reifen, der kaputt gegangen ist. Der Spengler repariert ihn, aber nicht besonders gut, und schon hat man ein a. Dann kommen zwei Spazierstöcke, und das y hatte ich ganz exklusiv für mich allein. Ich weiß nicht mehr, wie er das y erklärt hat, aber das konnte ich auch sofort. Nur mit dem Nachnamen haperte es, weil ich nie wußte, wie ich gerade hieß. Heute behauptet meine Mutter, sie hätte Max Rupp nur geheiratet, um ihm zwei Wochen Heimaturlaub verpassen zu können. Während der fraglichen Zeit, als ich gezeugt wurde, war er bereits in sowjetischem Gewahrsam, vulgo Kriegsgefangenschaft, weshalb er als Vater rundherum nicht in Frage kam.

Harry Rupp – das klingt wie ein Fußballreporter. »Wir schalten um ins Westfalenstadion zu Harry Rupp. Harry Rupp, bitte melden!« Wie war das nochmal mit dem Luftschutzkeller?

Ich hatte gutes Glück, daß ich nicht im Krankenhaus, sondern im Luftschutzkeller geboren worden bin. Ich war vor ein paar Jahren mal in dem lokalen Kinderkrankenhaus, das inzwischen eine halboffene Gemeindeklapsmühle ist.

Du warst in der Klapsmühle?

Nur zu Besuch. Sie hatten ein Jubiläum und eine Fotoausstellung. Ich hab mir das angesehen und dabei festgestellt, daß in diesem Krankenhaus Babys eingesammelt wurden. In der Fotoausstellung im Treppenhaus sah ich, was ich als geschichtlich interessierter Mensch hätte wissen können, daß in diesem Krankenhaus die Transporte mit den Babys zusammengestellt wurden, die wegen Euthanasie ins Gas geschickt wurden. Und meine Mutter hatte keinen Ariernachweis. Bis heute nicht. Das hat sie irgendwie verschlampt. Meine Oma mütterlicherseits war eine italienische Zigeunerin, wobei mir eine jüdische Großmutter noch lieber gewesen wäre. Da wäre ich ein bißchen plietscher, aber auf diese Weise habe ich wenigsten den Rhythmus im Blut. Kein Schwein durfte wissen, daß sie eine italienische Zigeunerin war, und deshalb hat es auch niemand erfahren. Wenn sie einen ihrer gefürchteten Ausbrüche hatte, sagte mein Opa Franz Pierenkämper immer begütigend: »Naja, dat is dat französische Blut.« Damals im Ruhrgebiet hatte man als italienische Zigeunerin, selbst wenn das geheim gehalten wurde, nicht viele Volksgruppen, auf die man herabblicken konnte, weshalb ich heute noch einen Merkvers von ihr beherrsche: »In Kruppsche Baracken, da wohnen Polacken, da laufen die Kakerlaken die Polacken in Nacken. Da nehmen die Polacken die Pickhacken und tun die Kakerlaken kaputt hacken.«

Herrje, Bochumer Büttenpoesie.

Immerhin. Was man meiner Oma gar nicht zutraute: Sie war Vegetarierin, sie kochte wie eine gesengte Sau. Um ihren Fraß nicht fressen zu müssen, habe ich irgendwann gesagt: »Ich esse alles, was auf den Tisch kommt, wenn Oma kocht«, weil ich wußte, daß sie das hören wollte. Danach hatte ich den Freibrief, den Kram meiner Oma nicht fressen zu müssen. Das Problem war nur: Ich war unterernährt und rachitisch und hatte einen stark geschrumpften Magen. Wasser und Brot waren das einzige, was ich mochte, weshalb ich immer hoffte, möglichst bald ins Gefängnis zu kommen. Das hat sich inzwischen leider alles sehr geändert.

Mochtest du deine Oma, abgesehen von ihren Kochkünsten?

Sie war oft im Knast, abwechselnd wegen »politisch« und Engelmacherei. Am meisten hat sie sich vor der Anstaltskleidung gegraust. Sie war ein sehr reinlicher Mensch. Einmal sagte sie: »In dem Kittel war Monate altes Unwohl drin!« Das letzte Mal ist meine Oma mütterlicherseits im Wartesaal Bonn Hauptbahnhof verhaftet worden. Sie wetterte mal wieder über Politik, und ein Herr sagte: »So eine alte Dame sollte sich um Politik nicht mehr bekümmern.« Da stieg meine Oma auf einen Stuhl und schrie: »Und der Adenauer, der alte Bock?« Und schon machte es klick. Die Bahnpolizei hatte sie verhaftet. Aber danach passierte nichts mehr. Im Krieg hat sie sich gut über Wasser gehalten. Sie hatte eine Ruine, eine alte Mühle im Hunsrück, gekauft, weil sie zu Recht annahm, daß die nicht bombardiert würde. Sie hat, weil sie Zigeunerin war und das offenbar konnte, den Bauern die Karten gelegt und ihnen geweissagt. Einmal sagte sie einer Bäuerin, ihr kleiner Sohn solle sich vor Wasser hüten, genauer gesagt, vor warmem Wasser, noch genauer, vor heißem Wasser. Und zwar in der allernächsten Zukunft, genauer gesagt, jetzt. Die Bäuerin rannte so schnell sie konnte nach Hause. Da war ihr kleiner Sohn schon in den siedend heißen Waschkessel gefallen und verbrüht. Daraufhin wurde meine Oma zum Pfarrer bestellt. Er sagte, sie solle gefälligst aufhören, diesen Aberglauben zu verbreiten. Sie hat ihn gefragt: »Warum behandeln Sie mich eigentlich so schlecht? Wir sind doch Kollegen.«

Hat sie denn an die Karten geglaubt?

Ja, meine Oma hat, im Gegensatz zum Pfarrer, an ihren Hokuspokus geglaubt. Sie plante immer, im Gegensatz zu mir, ihre Memoiren zu schreiben. Titel: »Die Königin vom Longkamperbach«. Sie konnte nicht ahnen, daß sie bei den Bauern im Hunsrück den Spitznamen »der Teufel zu Fuß« hatte. So wie meine Mutter später »der Teufel mit dem Auto« hieß. Meine Mutter ist jetzt 91, sie hat sich leider ein neues Auto angeschafft. Die Landbevölkerung ist in heller Aufregung. Sie kannten das Geräusch ihres alten Autos, das sie nur im ersten Gang fuhr, und konnten sich in Sicherheit bringen. An das neue Auto müssen sie sich erst noch gewöhnen. Sie hatte sogar mal einen BMW, den sie auch nur im ersten Gang gefahren ist. Sie fand auch nie die richtige Autobahnabfahrt. Sie ist eben Schauspielerin gewesen, und Schauspieler sind nun mal nicht allzu helle. Nach den Stücken, in denen sie mitgespielt hat, kann man sie aber noch fragen. »Käthchen von Heilbronn« hat sie noch einigermaßen drauf. Außerdem bezieht sie seit Jahrzehnten den Kalender »Mit Goethe durch das Jahr«. Meine Oma hatte einen furchtbar stacheligen Schnurr- und Kinnbart. Sie küßte einen ganz laut und aß Knoblauchpastillen, um ihr Leben zu verlängern. Sie sagte, die seien so gut, weil sie völlig geruchlos seien. Bei dem Wort »geruchlos« blätterte die Tapete von den Wänden, und auf dem Adventskranz brachen die Kerzen in Stichflammen aus, so sehr stank es nach Karbid. Meine Oma wurde nur 88, meine Mutter ist schon 91. Der Mann meiner Großmutter, Fränzken Pierenkämper, war Sitzredakteur beim *Bochumer Volksblatt*, das heißt, er war verantwortlich im Sinne des Pressegesetzes. Wenn im *Bochumer Volksblatt* irgendwas erschienen war, was der Obrigkeit nicht paßte, ging er dafür in den Kahn. Sobald er im Kahn war, fing er an, Lyrik zu schreiben. Außerhalb des Knastes nur Prosa, innerhalb des Knastes nur Lyrik.

Wenn also ein Romancier mal Lyrik schreiben möchte, wäre diese Methode durchaus zu empfehlen.

Ja. Fränzken Pierenkämper war 1917 einer der führenden Köpfe im Arbeiter- und Soldatenrat von Wilna, und das als Goi. Da mußte man ganz schön was zwischen den Ohren haben. Später war er einer der ersten Minister der jungen Sowjetmacht. Da hat er sich aber nach einer Woche wieder abgeseilt – mit der Begründung: »Sind mir zu links, die Brüder.« Er hat aber später die USPD mitgegründet. Sein Sohn Harry Pierenkämper, nach dem ich benannt wurde, hatte eine Hasenscharte und stotterte, weshalb er Pantomime wurde.

Eine weise Entscheidung.

Außerdem war er Mitbegründer des Spartakus. Man kann sich vorstellen, wie muffelig es bei denen zu Hause zuging, denn es gibt ja nichts Unversöhnlicheres als Kommunisten und linke Sozis. Sie wohnten in Bochum-Weitmar, in einer Arbeitersiedlung mit lauter Häusern bis zum Horizont. Eins sieht aus wie das andere, die unterschieden sich genau wie heute nur durch die Vorgärten. Eines Morgens maulte der Alte seinen Sohn an: »Ich gehe morgen auf eine Vortragsreise, und wenn ich in zehn Tagen zurück bin, und der Vorgarten ist nicht tip-top in Ordnung, dann hast du deine Beine die längste Zeit unter meinen Tisch gestreckt.« Da hat sich der Sohn von niederländischen Genossen gelbe und rote Tulpenzwiebeln besorgt, den Vorgarten gejätet, die Tulpenzwiebeln gesteckt, und als die hervorschossen, oder was immer die so machen, sah man wunderschön deutlich einen fein säuberlichen und gelb umrandeten roten

Sowjetstern mit gelbem Hammer und gelber Sichel. Der Alte sagte zähneknirschend: »Na, immerhin sieht das ordentlich aus.« Sie sind glücklicherweise beide pünktlich vor 1933 gestorben. An denen hätten die Nazis noch viel Spaß gehabt.

Deine Mutter war Schauspielerin. Wo hat sie damit angefangen?

In Bochum. Damals gab es ja noch die Fächer »jugendliche Sentimentale« bei dem legendären Saladin Schmidt, dem Erfinder der expressionistischen dunklen Bühne, weshalb er von jedem »Saladin mit der Schlummerlampe« genannt wurde. Seine Inszenierung von Schillers »Die Räuber« hieß allgemein »Bruderzwist auf Sohle Sieben«. Er hatte eine stehende Redewendung gegenüber weiblichen Ensemblemitgliedern, indem er sie anschwulte: »Meine liebste, beste, teuerste Freundin, gehen Sie weg. Ich kann Sie nicht mehr sehen.« Sehr viel später wurde meine Mutter als Tischdame von Goebbels eingeteilt. Das wußte sie vorher nicht. Sie kam wie immer zu spät und bekam einen Wahnsinnsschreck, als nur noch neben Goebbels ein Platz frei war und ihr nichts anderes übrigblieb, als sich dorthin zu setzen. Goebbels mußte sich damals von seiner Freundin, der tschechischen Schauspielerin Lida Baarova, trennen, weil sie Halbjüdin war. Weil meine Mutter von weiten genauso aussah wie Lida Baarova, hatte man sie als Tischdame ausgesucht. Glücklicherweise saß ihr ein alter Kollege aus Bochumer Zeiten gegenüber. »Maria«, sagte der, »mach doch nochmal den Saladin Schmidt.« Also schwulte sie: »Meine liebste, beste, teuerste Freundin, gehen Sie weg. Ich kann Sie nicht mehr sehen.« Plötzlich Totenstille, weil Goebbels glaubte, sie hätte ihn nachgemacht. Auf diese Weise hat sich das mit Goebbels und meiner Mutter zerschlagen. Leider. Die hätte ich ihm nämlich gegönnt. Es wäre doch schön gewesen, wenn er sich nach einer Halbjüdin eine Halbzigeunerin eingehandelt hätte. Da hätten seine Kumpel aber irgendwann mal gedacht: »Der Goebbels, der hat aber auch einen seltsamen Weibergeschmack.«

Wann hat sie denn deinen Vater kennengelernt?

Mein Vater war im Ersten Weltkrieg in der Kavallerie gewesen, wie sich das gehört. Er war als einer der ersten dabei, als die Luftwaffe erfunden wurde. Daß er geflogen ist, hat man seiner Autofahrerei angemerkt. Glücklicherweise hatte er später einen Chauffeur. Er ist immer wieder mit seinem Verlag pleite gegangen, insgesamt fünf Mal. Deshalb bin ich auch ganz froh, daß ich nicht in den Rowohlt Verlag eingetreten bin, denn diese Tradition hätte ich als erstes wiederbelebt. Im Zweiten Weltkrieg emigrierte er zunächst nach Brasilien, obwohl man nicht so genau weiß, ob es sich wirklich um eine Emigration oder nicht vielleicht doch nur um einen Abenteuerurlaub handelte. Er kam erst zurück, als Deutschland die Sowjetunion überfallen hatte. Er dachte, daß es ja wohl nicht mehr lange dauern könne. Er ist auf einem Blockadebrecher zurückgekommen, weil er nicht erst zurückkehren wollte, nachdem Deutschland verloren hatte. Er wollte noch ein bißchen mitmischen. Es hat aber sehr viel länger gedauert, als er angenommen hatte, so daß er wieder zur Luftwaffe mußte. Auf Kreta hat er gegen die Engländer gekämpft. Und wie! Er merkte ziemlich bald, daß die Griechen, die seit Jahren Bürgerkrieg hatten, schon seit Jahrzehnten mit denselben Spielkarten spielten, so daß jeder wußte, welches Blatt der andere hatte, so abgewetzt waren die Karten. Er hat sich mit seinen alten Verlegerbeziehungen von der Altenburger Skatkartendruckerei neue Spielkarten kommen lassen und hat sie gegen Ouzo und Retsina verscherbelt. Zweitens hat er mit Dynamit gehandelt. Aus den Bomben, die er auf die Engländer abwerfen sollte, hat er etwa vier Fünftel des Schießpulvers abgezweigt – die Bomben konnte man ja ganz leicht aufschrauben – und es gegen Naturalien an die Griechen vertschintscht. Er wußte natürlich, daß die Griechen auch noch etwas anderes damit gemacht haben, als das Dynamit zum Fischen zu verwenden, aber das war ihm auch ganz recht. Anschließend hat er brav seine Bomben ins Gelände geschmissen, wo sie kein Unheil anrichten konnten, und sie haben auch schön geknallt, aber sonst waren sie harmlos. Eine dieser Bomben hat er aus Versehen auf eine englische Feldküche geschmissen, die so gut getarnt war, daß man sie beim besten Willen aus der Luft nicht sehen konnte. Die machte »Peng«, ganz zaghaft zwar, aber sie hat dennoch einigen Schaden angerichtet. Da hatte er ein so schlechtes Gewissen, daß er den nächsten Fliegerangriff auf der Tragfläche mitflog, weil er dachte, wenn es ihn herunterwehen würde, hätte er selbst schuld – Gottesgericht sozusagen. Seine Einstellung wurde schließlich ruchbar, und zu einer Zeit, als sie bereits Kinder und Greise einzogen, wurde er wegen politischer Unzuverlässigkeit unehrenhaft aus den Heeresdiensten entlassen und langweilte sich fortan in Grünheide bei Berlin.

Mein Vater hätte den Zweiten Weltkrieg fast verpaßt, weil man ihn mit seinem Vater verwechselt und ihn für tot erklärt hatte. Nach einem kurzen Einsatz in Nordafrika bekam er dann Tropenfieber und verbrachte den Rest des Krieges im Lazarett in Italien. Wie ist es deinem Vater denn zum Kriegsende ergangen?

Weil mein Vater immerhin in zwei Weltkriegen Erfahrungen gesammelt hatte, wurde er Hauptmann. Das war er, glaube ich, schon im Ersten Weltkrieg, im Zweiten ist nicht viel dazukommen. In Friedenszeiten wird man ja schneller befördert als in Kriegszeiten. Nun sollte er den Volkssturm von Berlin-Grünheide organisieren. Mein Vater kannte niemanden in Grünheide. Sein Nachbar, ein sozialdemokratischer Tischler, hat zwei Listen angefertigt, eine Liste mit Nazis und eine mit Nicht-Nazis. Mit den Nazis ist mein Vater in den Wald gegangen und hat sie Griffe kloppen lassen. Er hat ihnen die Eier geschliffen, bis ihnen das Arschwasser in der Kimme kochte. Der Tischler requirierte mit den Nicht-Nazis Nahrungsmittel, weil ein Volkssturm ja von irgend etwas leben mußte. Abends lagen die Nazis auf ihren Betten, verbanden sich ihre Wunden und Blasen, stöhnten und hatten Muskelkater. Mein Alter, der Tischler und die Nicht-Nazis soffen währenddessen die Nahrungsmittel weg, die sie tagsüber requiriert hatten.

War deine Mutter damals bei ihm in Grünheide?

Nein, sie hatte sich nach Hamburg abgesetzt. Nach der Schließung des Schiller-Theaters wurde es plötzlich wichtig, ob man einen Ariernachweis hatte, aber sie war ohnehin zu schwanger, um noch das Gretchen spielen zu können, obwohl das natürlich gut gepaßt hätte, bei dieser Kindsmörderin. Zum Emigrieren war es auch schon viel zu spät, und da haben ihr alle geraten, nach Hamburg zu gehen. »Das ist fast so gut wie emigriert, denn die Hamburger fiebern den Engländern entgegen, um sich endlich ergeben zu dürfen.« So bin ich Hamburger geworden.

Und dein Vater ist 1945 nachgekommen?

Er hat sich von seinem Volkssturm in Grünheide abgesetzt. Den sozialdemokratischen Tischler ernannte er zu seinem Nachfolger mit dem dienstlichen Befehl, beim ersten Russen, den sie sehen, sofort weiße und wenn möglich auch ein paar rote Fahnen zu hissen. Auf diese Weise ist der Volkssturm in Grünheide bei Berlin geschlossen in sowjetische Kriegsgefangenschaft gegangen und geschlossen zwei Tage später wieder entlassen worden, weil er so vorbildlich die Waffen gestreckt hatte. Insofern sehe ich in meinem Alten durchaus einen Kriegshelden. Er ging dann mehr oder weniger zu Fuß nach Hamburg, um zu sehen, was da läuft. Geheiratet haben meine Eltern erst, als ich schon zehn Jahre alt war. Ich fand das immer noch verfrüht. Nur weil ein Kind da ist, tut man das doch nicht.

Seitdem heißt du Rowohlt?

Wenn ich Bücher signiere, die ich aus dem irischen Englisch übersetzt habe, und ich nicht immer ein Harry Rowohlt hinsetzen will, schreibe ich auch manchmal Harry auf irisch. Wie man das macht, habe ich in Dublin in der »Harry Street« abgekupfert. H E A R A I D H. Es ist also ganz einfach. Und dann schreibe ich Hearaidh FitzRowohlt, wobei Fitz als Präfix für uneheliche Geburt steht. Meine Eltern haben mich dann leider doch ehelich gemacht.

Und wo bist du aufgewachsen, als du noch unehelich warst?

Ich war jetzt zwar geboren, aber ich erinnere mich natürlich nicht mehr daran. Ich wuchs nicht in meiner Heimatstadt Hamburg auf. Dieses Hamburger linksradikale Straßenorchester »Tuten & Blasen« hat sich mal geweigert, mich als Trommler aufzunehmen, weil ich nicht ordentlich Noten lesen kann. Da bleibt mir als letzte Zuflucht nur noch der Shanty-Chor des Vereins »gebürtiger Hamburger e.V.« Die können mich nun wirklich nicht zurückweisen. Sogar für den früheren Hamburger Bürgermeister Henning Voscherau ist eine Ausnahme gemacht worden. Der wurde nämlich nicht in Hamburg geboren, sondern hart an der Grenze. Irgendwo im Landkreis Storman. Auf jeden Fall ist er kein gebürtiger Hamburger – im Gegensatz zu mir. Bewußt aufgewachsen bin ich in Wiesbaden im Alter von zwei bis sechs. Mit großem Genuß. Wir hatten einen wunderbaren Kindergarten. Lauter Schauspielerinnen und Künstlerinnen – also das, was man heutzutage als alleinerziehende Mütter bezeichnen würde – haben zusammengelegt und eine Kindergärtnerin bezahlt, die wir alle sehr liebten. Sie hieß Tante Renate. Das war ein Kinderladen lange vor der Zeit. Vor ein paar Jahren hatte ich meine erste Lesung in Wiesbaden und erzählte in der Einschleimphase von dieser Wiesbadener Zeit. In der Pause kam eine sehr süß anzusehende ältere Dame und gab sich als Tante Renate zu erkennen. Ich habe sie gefragt, wie alt sie ist, und plötzlich wurde mir klar, warum wir sie so geliebt haben. Sie war damals sechzehn Jahre alt, also nicht wesentlich älter als wir. Mein bester Freund war Timmi Belwe. Damals hatte Tante Renate ein neues rattenscharfes Sommerkleid an, dunkelblau, fast schwarz, mit großen weißen Tupfen. Sie sah sowas von zum Anbeißen in diesem Kleid aus, daß wir fanden, man müßte ihr das sagen. Timmi meinte, ich solle es ihr sagen. Ich sagte, nein, sag du es ihr doch. Wir hatten beide Schiß, und aus Buße haben wir die Türpfosten der Kindergartenhaustür – ich links, er rechts – von ganz unten bis soweit, wie wir hochkamen, abgeleckt. Das schmeckte sehr eklig nach Staub und Leinöl und war eine angemessene Buße. Wenigstens haben wir uns keinen Splitter in die Zunge gezogen. Viel, viel später habe ich mal in *Pardon* ein Foto von einem bärtigen langhaarigen Mann gesehen, der ziemlich wüst aussah und die Zunge herausstreckte, und ich dachte, der sieht aus wie mein Freund Timmi Belwe. Der hatte übrigens keine eigene Schultüte, deshalb halten auf dem offiziellen Foto »Mein erster Schultag« Timmi und ich zusammen dieselbe Schultüte, nämlich meine. Aber er hält sie so, als wäre es seine, während mir nur das dünne Ende blieb.

Und? War er es denn auf dem Foto in Pardon*?*

Es stellte sich heraus, daß Timmi inzwischen Frontmann der Gruppe »Soul Caravan« war. Die kamen, wie damals alle, gerade aus Indien zurück, hatten einen Gig in Wiesbaden und wurden an der Grenze festgehalten, weil sie Preßtee dabei hatten. Der sah aus wie Shit, dabei sieht Preßtee sehr schön aus, mit reingepreßten Mustern. Kein Dealer würde so schön gepreßten Shit verkaufen. Die Jungs von »Soul Caravan« sagten zu den Grenzern: »Wir haben morgen einen Gig und müssen weiter. Könnt ihr nicht einfach was von diesem Tee abhacken und versuchen, das entweder in der Pfeife zu rauchen, oder Tee davon zu brühen, dann merkt man doch, ob das Shit ist oder nicht.« Sie haben den Gig dann doch noch gekriegt. Damals haben sie schwer politische Texte gemacht, so daß ihnen die politische Polizei auf diesem Konzert den Strom abgedreht hat, wodurch aber nicht nur die Verstärker ausfielen, sondern auch das Licht. Also hat die politische Polizei das Licht wieder angemacht, und da hatten die Mitglieder der Kapelle »Soul Caravan« die Hosen heruntergelassen und zeigten ihre Ärsche. Daraufhin bekamen sie einen Prozeß wegen Erregung öffentlichen Ärgernisses. Den haben sie aber gewonnen, weil der Richter sagte, sie konnten nicht damit rechnen, daß plötzlich das Licht wieder angehen würde, und wenn jemand im Dunkeln die Hose runterläßt, ist das kein öffentliches Ärgernis, sondern streng privat. Timmi ist zwar älter als ich, aber wir sind dennoch zusammen eingeschult worden. Das lag daran, daß meine zweite Verlobte Katharina eineinhalb Jahre älter war als ich. Die ging nun in die Schule, konnte plötzlich lesen und schreiben, und ich war kein Umgang mehr für sie. Da hab ich meine Mutter so lange angemault, bis ich auch in die Schule durfte, ein Jahr zu früh. Das war später ganz günstig, weil ich immer noch der Jüngste in der Klasse war, als ich mit siebzehn sitzenblieb.

Damals machte man ja mit achtzehn Abitur und wurde mit einundzwanzig mündig. Inzwischen ist es umgekehrt. Was ist denn aus deiner Verlobten geworden?

Katharinas Mutter war auch Schauspielerin und Timmis Mutter war Sopranistin. Als Timmi im Kindergarten meiner zweiten Verlobten Katharina dreimal hintereinander die Bauklötze umgeschmissen hatte, sagte Katharina zu mir: »Harry, unternimm was!« Da haben wir uns geprügelt, und ich habe ihm ein großes Stück Frisur samt Kopfhaut abgerissen. Das war mir sehr unangenehm, und eine zeitlang habe ich mich aus Scham geweigert, in den Kindergarten zu gehen. Ein paar Tage später trafen meine Mutter und ich zufällig Timmi und seine Mutter beim Spazierengehen. Die Mütter keiften heftig aufeinander ein, was sich wirklich eindrucksvoll anhörte – Timmis Mutter, der Koloratursopran, und meine Mutter mit Atemstütze, die inzwischen nicht mehr die jugendliche Sentimentale war, sondern Hauptrollen spielte! Die konnte also auch ganz gut brüllen. Timmi und ich sind auf eine Kiefer geklettert und haben die beiden keifenden Mütter mit Kiefernzapfen beworfen, weil Timmi es völlig in Ordnung fand, daß ich ihm den Haarbüschel aus dem Kopf gerissen hatte. Es ist inzwischen alles prima nachgewachsen. Ich habe das überprüft.

Was war dein erstes Buch?

Meine Mutter hat mir immer »Pu der Bär« vorgelesen. Als ich drei war, hat sie damit angefangen, und das war ein Grund, weshalb ich endlich selber lesen können wollte: damit ich das unbehelligt von der mütterlichen Betonung lesen konnte. Aber davon abgesehen war es sehr angenehm, vorgelesen zu bekommen. Deshalb habe ich auch heute noch kein schlechtes Gewissen, wenn ich über die Käffer tingele und den Leuten etwas vorlese.

Wer kam nach Tante Renate und Katharina?

Meine Mutter verkrachte sich ständig mit ihren Dienstmädchen. Wenn sie das alleine nicht schaffte, kam meine Oma und hat auch noch mitgemischt. Das war ziemlich lästig. Sobald man sich an eine gewöhnt hatte, war sie auch schon wieder gefeuert. Meine absolute Lieblingsfrau hieß Ingeborg. Da hatte ich mich von Tante Renate schon emanzipiert. Ingeborg war mit lauter Binnenschiffern verwandt, und wenn die in Wiesbaden festgemacht haben, waren Krach und Wonne angesagt. Das konnte nicht lange gutgehen. Meine Oma fand das entsetzlich. Danach mußte ich weg, weil meine Mutter am Zürcher Schauspielhaus ein Engagement bekam. Ich wurde allerdings nicht nach Zürich, sondern nach Herrliberg in der Nähe von Zürich in eine Kleinkinderbewahranstalt gesteckt. Meine Mutter wohnte möbliert bei Herrn und Frau Huber, und ich war in dieser kleinen Anstalt, ein entsetzliches Haus. Aus Deutschland und immer noch leicht unterernährt, kam ich in die reiche Schweiz und wurde erstmal gezielt und systematisch ausgehungert. Außer mir gab es noch zwei weitere Kinder. Das eine war ein zurückgebliebenes kleines Mädchen, welches von Frau Bopp, der Leiterin, isoliert wurde. Ich habe mich ein paar Mal zu ihr geschlichen und ihr das Wort Tasse beigebracht. Die konnte überhaupt nicht sprechen. Und dann gab es noch ein Baby. Bei dem hat Frau Bopp eine Art Scheinschwangerschaft entwikkelt. Sie prozessierte gegen die Mutter dieses Babys und wollte sie für unzurechnungsfähig erklären lassen, damit sie das Baby behalten konnte. Eine sehr unerfreuliche Geschichte. Das ganze wurde angeblich nach Montessori-Gesichtspunkten geführt. Noch heute, wenn ich das Wort Montessori höre, denke ich an die Kapelle »KISS«, mit dem SS-Logo in der Mitte: MonteSSori.

Hast du nur schaurige Erinnerungen an Herrliberg?

Nein, glücklicherweise habe ich Alfred Polgar kennengelernt, der damals in Zürich im Hotel Urban wohnte. Wir haben uns angefreundet, soweit sich ein so ein wunderbares Jahrhundertgenie wie Alfred Polgar mit einem Sechsjährigen überhaupt anfreunden kann. In der Biographie von Ulrich Weinzierl steht, so beißend er gegenüber Männern sein konnte, so charmant war er gegenüber Frauen und Kindern. Weinzierl führt dann ganz viele Frauen als Beispiel auf, aber kein einziges Kind. Ich habe Weinzierl geschrieben, ich wäre ein Kind, das er hätte erwähnen können.

Du gibst ja gerne mit deinem Brief von Alfred Polgar an.

Ja. Ich besitze einen Brief von Alfred Polgar, und wie jeder, der einen Brief von Alfred Polgar besitzt, gebe ich entsprechend damit an. Bei Robert Gernhardt scheine ich es irgendwann mal übertrieben zu haben, weil er genervt sagte: »Ja, ja, du hast einen Brief von Alfred Polgar.« Und ich hab gesagt: »Ja allerdings, ich hab einen Brief von Alfred Polgar. Du hast keinen Brief von Alfred Polgar.« Robert machte den geballten Balten und sagte: »Meine hat alle der Russe.« Wir haben ihn mal in seiner albernen Toscana besucht, wo der PCI, der Partito Comunista Italiano, bei den Kommunalwahlen dreiundsiebzig Prozent abgestaubt hatte, und Robert sagte: »Da ist man nun dreimal vorm Russen abgehauen und dann das.«

Als Schauspielerin ist deine Mutter doch sicher viel herumgekommen. Mußtest du immer im Schlepptau mit?

Ich war insgesamt auf sechzehn oder achtzehn verschiedenen Schulen, weil meine Mutter von Engagement zu Engagement eilte. Und als meine Eltern geheiratet hatten, war mein Vater auf der Flucht vor dem Rowohlt Verlag. Er mußte angeblich im Allgäu wohnen, wegen der Höhenluft. Alles Quatsch. Er hat sich im neuen Rowohlt Verlag in Reinbek bei Hamburg nicht zurechtgefunden. Aber er hat ohnehin nichts getan, weil der Laden inzwischen von meinem Brüderchen, Heinrich Maria Ledig-Rowohlt, geschmissen wurde, der das sehr viel besser konnte.

Wie hast du dich denn mit deinem Brüderchen verstanden?

Ich war völlig durch den Wind, als er gestorben ist. Seine letzten Worte waren: »Na, jetzt langt es aber auch allmählich.« Während der Buchmesse im Café Laumer, was zur Buchmessenzeit Café Rowohlt heißt und wo man Gutscheine trinken kann, hab ich zu meinem Brüderchen gesagt: »Ich gehe jetzt ins Café Rowohlt und gebe mich als junger Herr Laumer zu erkennen.« Wir sind zusammen vom »Hessischen Hof« zu Fuß hingegangen. Damals war mir noch nicht klar, daß es ihm sehr viel schlechter ging, als man ihm anmerkte. Das waren vielleicht hundertachtzig Meter, da hat er schon geklagt, und danach hat er den Weg vom »Hessischen Hof« ins Café Laumer immer »unsere gemeinsame Nachtübung« genannt. Da haben wir unabhängig voneinander »Matjes Hausfrauenart« bestellt und beide unabhängig voneinander gesagt: »Hausfrau bedeutet nicht Strapse, sondern Äpfel.« Daraufhin meinte er: »Man merkt eben doch, daß wir Brüder sind.«

Woran ist er gestorben?

Er war in Indien auf der Buchmesse, in Delhi, und Inge Feltrinelli hat ihn ziemlich herumgescheucht, was Vergnügungen betraf. Er ist mit der Eisenbahn gefahren, dem »rollenden Palast«, der durch übertriebenes airconditioning furchtbar unterkühlt war. Dabei hat er sich eine Lungenentzündung geholt und ist in Agra im Angesicht des Tadsch Mahal gestorben. Er ist sofort verbrannt worden, allerdings ohne Witwe. Die Urne mit seiner Asche hat seine Witwe Jane nach Lavigny, aufs Schloß in der Schweiz gebracht und auf den Kaminsims gestellt. Sie wollte nach ihrem Tod, der sie auch ziemlich schnell ereilte, ebenfalls verbrannt werden, und anschließend sollte ihrer beider Asche vermischt und in ihrer Familiengruft in der Nähe von London beigesetzt werden. Das war die Gruft ihres Vaters, ein reicher Schotte, der in der Eliteeinheit »The Black Watch« gedient hatte. Die trugen schwarze Kilts und wurden deshalb »The Devil's Ladies« genannt. Er nannte seinen Schwiegersohn immer Adolf, weil er Deutscher war. Sehr witzig. Das war eine ausgesprochen blöde Beerdigung. Die beiden waren in der Urne zwar richtig schön miteinander gemischt worden, aber niemand hielt eine Trauerrede. Wenn in der Aussegnungshalle wenigstens ein Harmonium gestanden hätte! Dann hätte man mit Anspielung auf die Urne und ihren Inhalt spielen können: »Oohoohoo, ooh, yeah, yeah, I'm all shook up!«

Hatte dein Bruder eigentlich Kinder?

Heinrich Maria hatte zwei Töchter: eine leibliche, die er enterbt hat, weil sie ihr Erbe zu seinen Lebzeiten ausbezahlt haben wollte, um sich in München eine Boutique einzurichten. Und eine unleibliche, die vom Briefträger oder vom Milchmann stammte. Ich habe sie anläßlich der Beisetzung von Heinrich Marias Witwe in London getroffen. Sie ist mit einem Schweizer Anwalt oder Börsenmakler oder irgend so was Nützlichem verheiratet, wohnt seit unvordenklichen Zeiten in Zürich und ist eine richtig wohlsituierte Schweizerin. Es gibt ja vier Schweizer Sprachen, also Deutsch, Französisch, Italienisch und Rätoromanisch, und sie meinte tatsächlich, Rätoromanisch hätte englische Wurzeln.

Du hattest doch auch eine Schwester, oder?

Meine Halbschwester Anna Elisabeth, genannt Baby, ist während der brasilianischen Emigration meines Vaters gezeugt und geboren worden, in einer Favela in São Paulo. Dort hat sie sich offenbar auch den Hautkrebs zugezogen, an dem sie dann gestorben ist, weil sie als Rotblonde immer mit den Caboclos – das sind Schwarzafrikaner und Indiomischlinge, die sehr viel gesünder pigmentiert waren als sie – im Schlamm gespielt hat. Kennengelernt hab ich sie, als ich sechs Jahre alt war, und hab mich prompt in sie verknallt. Sie war ein rundherum angenehmer Mensch, ich habe aber leider so gut wie nie von ihr Gebrauch gemacht. Wir haben uns immer sehr geliebt, auf die Entfernung. Sie ist irgendwann nach Deutschland gekommen, doch wir sind einander so gut wie nie über den Weg gelaufen.

Erzähl ein bißchen mehr von deinem Vater.

Ernst Rowohlt war einer der wenigen Menschen, der gar nichts konnte. Es war erstaunlich, wie unbegabt er in jedem Bereich war, einfach toll. Das hat man ja manchmal, und dann kann man diese Leute nur als Genies bewundern. Irgendeiner seiner Autoren hat mal gesagt, er sei ein Genie der Freundschaft gewesen. Er war viermal verheiratet, hauptsächlich mit Schauspielerinnen. Er hatte den Ehrgeiz, sie aus ihrem Beruf zu entfernen, damit sie sich nur noch um ihn kümmerten. Wenn er das mit Straßenbahnschaffnerinnen gemacht hätte, wären die vielleicht sogar froh gewesen. Ich habe ihn erst in einer Zeit richtig erlebt, als er alt und miesepetrig geworden war. Er war eigentlich immer nur alt und krank und muffelig und hat, weil er sich nicht mehr in den Rowohlt Verlag hineingetraut hat, versucht, zu Hause den Laden zu terrorisieren. Mein Brüderchen hat es nie geschafft, sich gegen ihn aufzulehnen, während ich das bereits mit dreizehn oder vierzehn gemacht habe. Danach waren wir praktisch unzertrennlich. Ich mußte spätestens um zehn zu Hause sein. Ich habe immer erst meine Mutter gefragt, wann ich von der Fete zu Hause sein sollte, und dann habe ich meinen Vater gefragt: »Wenn's gemischt wird, pünktlich.« Daran halte ich mich bis heute. Ich gehe immer weg, wenn's gemischt wird. Ich habe ihm auf seinem Totenbett, von dem wir beide noch nicht ahnen konnten, daß es sein Totenbett sein würde, den gesamten Schwejk, den ersten und zweiten Band, mit verteilten Rollen vorgelesen. Bei der Stelle: »... den Kokoschka Ferdinand, der was den Hundsdreck sammelt«, ist er wegen der pastosen Technik des Kokoschka Oskar vor Lachen aus dem Bett gefallen und hat meine Mutter angeröhrt: »Kommando zurück, der Junge wird nicht Verleger, der Junge wird Schauspieler.« Das war eine schöne Zeit, die letzten anderthalb Jahre mit meinem Alten, als er plötzlich gemerkt hat, daß sein anderer Sohn ein Mensch ist, und ich plötzlich gemerkt habe, daß mein verachteter Vater auch ein Mensch ist. Da hätte er gerne noch ein bißchen länger rummurkeln können, aber das ist eben nicht gelungen. Wozu auch. Das war kein Leben für ihn, sich nicht in den Verlag zu trauen, und zu Hause Zoff. Seine letzten Worte waren, und das war ganz typisch für ihn, eine Mischung aus Bestellung und Beschwerde: »Eigentlich ist doch jetzt Bockbierzeit.« Also hat er noch ein Bockbier bekommen, und dann ist er abgekratzt.

Einfach so?

Er hatte früher schon mal einen Herzinfarkt. Unser Hausarzt in Hamburg, Professor Dr. Kurt Gröbe, der damalige Spitzenkandidat der Hamburger DFU, hat ihm einen Hund verschrieben, damit er jeden Tag zweimal spazieren gehen mußte.

Gibt's den auf Krankenschein?

Nö. Aber sollte es. Der erste Hund war ein Polizeihund, dessen Hundeführer an die Polizeischule nach Eckernförde befördert worden war. Dort hat der Hund den ganzen Tag Bürodienst geschoben und wurde immer trübseliger, weil er Streife gehen wollte. Deshalb war er billig abzugeben. Vater, Mutter und ich sind hingefahren und kamen in das Büro, wo der Hund unter dem Schreibtisch saß. Er hat sich auf mich gestürzt und umgeschmissen, weil Boxer ja sehr kinderlieb sind. Boxer sind nach einem ziemlich komplizierten System gestrickt. Was größer ist als er selbst, wird bekämpft, was genau so groß ist, wird gevögelt, was kleiner ist, wird beschützt. Deshalb gucken Boxer so besorgt, weil sie jeden Tag etwa 80.000 Entscheidungen treffen müssen. Ich wurde also beschützt, weshalb er mich erstmal hingeschmissen hat. Die zwei Spaziergänge jeden Tag mit meinem Vater haben ihm überhaupt nicht genügt. Deshalb ist er immer auf eigene Faust auf dem Oberalsterwanderweg Streife gegangen, um nach dem Rechten zu sehen. Wir hatten ein Gatter, das in der Mitte etwas höher als links und rechts war, und er ist immer über die höchste Stelle gesprungen, um zu zeigen, was er kann. Sein Nachfolger »Toxi« ging auch auf dem Oberalsterwanderweg Streife, aber der hat sich ein Loch unter den Zaun hindurch gegraben. Er war von Beruf nicht Polizist, sondern Schauspieler, neigte also eher zur Bequemlichkeit. Eigentlich hieß er nicht »Toxi«, sondern »Erlo von der Kollau«. Er war ursprünglich für den König von Nepal gezüchtet worden, der dann jedoch starb. Der Thronfolger fragte sich, was soll ich hier mit so einem kurzhaarigen Hund, der friert doch den ganzen Tag – und hat ihn wieder abbestellt. Er mußte dann tingeln gehen, damit das Geld wieder reinkam. Er hat in diesem Rührstück »Toxi« mitgespielt. Der Film handelte von einem Besatzungskind, gespielt von einem kleinen, farbigen Mädchen, das nicht wesentlich älter war als er und vor den Kameras und dem Regisseur und den Maskenbildnern Angst hatte. Die haben ihr zum Trost »Toxi«, also »Erlo«, als Welpen beigesellt. Er selbst ist in dem Film nie zu sehen. Ich dachte immer, er hätte da mitgespielt. Hat er aber nicht, und wenn, dann ist er rausgeschnitten worden. Elke Heidenreich hat mir den Film mal im Fernsehen auf Video aufgenommen und mich furchtbar beschimpft. Sie hätte die ganze Zeit geguckt, ob ein Boxerwelpe vorkommt. Weit und breit kein Boxer. Zum Beweis hat sie mir die Kassette geschickt.

Vielleicht hat der Hund ja nur als Dialektcoach mitgewirkt.

Danach bekam ihn Hubert von Meyerinck. Beziehungsweise Hubsi von Meyerinck. Seit dieser Zeit hatte der Hund eine Abneigung gegen Schwule. Wenn jemand zu Besuch kam, von dem man nicht so richtig wußte, ob er schwul ist oder nicht, merkte man es spätestens an der Reaktion des Hundes. Er fing an zu knurren, sein Rükkenfell sträubte sich, und er ging steifbeinig rückwärts aus dem Raum. Das war ihm selber peinlich, weil man doch zu Besuch nett sein muß, besonders als Boxer, die ja allgemein sehr freundlich sind. Es war schön anzusehen, wie er darunter litt, aber seine Abneigung war stärker als er selbst.

Er war ein ausgesprochener Charmebolzen. Meine Eltern und ich sind mal im Harz, in der Nähe der Zonengrenze, spazieren gegangen. Damals war die Grenze noch offen. Ein Bundesgrenzschützer kam und sagte: »Fast wären Sie jetzt auf das Gebiet der Ostzone gelatscht. Das ist ja ein schöner Hund.« Mein Vater antwortete: »Schön vielleicht, aber er ist so verspielt und gutmütig. Ich kann mir gar nicht vorstellen, wie der die Schutzhundprüfung bestanden haben soll.« Der Bundesgrenzschützer brach einen großen Ast ab und ging ohne Vorwarnung auf meinen Vater los. Da hättest du den verträumten und gemütlichen Toxi sehen sollen. Er ging dem Bundesgrenzschützer gezielt an die Kehle, so daß der richtig in Gefahr geriet. Seitdem haben wir den Hund gesiezt.

Toxi konnte sogar Leute nachmachen. Das hat man ja auch nicht oft. Ich habe neulich Robert Gernhardt tödlich beleidigt. Der hat seine »Bella« in der Toskana als Welpe aus dem Mülleimer gefischt, halb Pointer und halb Dalmatiner. Dalmatiner sind, wie wir alle wissen, ziemlich dämlich, und Pointer sind Jagdhunde. Ich habe Robert furchtbar beleidigt, indem ich behauptete, Jagdhunde seien humorlos. Boxer hingegen haben wirklich Humor. Die sind zwar ursprünglich als Bullen-Beißer auch Jagdhunde gewesen. Sie haben diesen vorstehenden Unterkiefer, um sich am Auerochsen festbeißen zu können. Wenn dann so fünf, sechs Stück am Auerochsen hängen, wird er matt. Und anschließend wird er mit Speeren erlegt. Aber sonst hatten die Hunde nicht viel zu tun und sind deshalb freundliche Familienhunde geworden.

Du sagtest, euer Köter konnte Menschen nachmachen?

Ja. Meine Mutter hat diese alte Wassermühle im Hunsrück von ihrer Mutter geerbt. Ernst von Salomon war dort zu Besuch. Er hatte in seiner Eigenschaft als Freikorpskämpfer einmal von einem Demokraten ordentlich eins aufs Nasenbein bekommen, weshalb er Zeit seines Lebens furchtbar schnarchte. Salomon schlief unten im Gästezimmer, und Toxi machte sich Sorgen, weil der so schnarchte. Das hatte er noch nie in der Lautstärke gehört. Der Hund machte die ganze Nacht kein Auge zu. Meine Mutter wachte irgendwann nachts auf und ging pinkeln, und Toxi führte sie ganz aufgeregt oben an den Treppenabsatz, guckte nach unten und machte »Rhrhrh-

rhrhrh«. Daraufhin weckte mich meine Mutter, und Toxi führte mir das auch nochmal vor. Es hat ihm keine Ruhe gelassen, daß ein Mensch solche Geräusche macht. Ein Hund, der Leute nachmachen kann – das hat man doch selten.

Da hätte er bei mir auch seine Freude gehabt. Ich habe mal in Berlin bei Freunden in einer Wohngemeinschaft übernachtet, im Flur. Am nächsten Morgen hatte einer der Bewohner einen geschwollenen Arm, weil ihn seine Freundin die ganze Nacht angeknufft hatte. Sie dachte, er schnarcht so verheerend, bis sie im Morgengrauen merkte, daß ich es war – durch zwei geschlossene Türen hindurch. Ein Hund, der Schnarchen nachmachen kann, ist mir allerdings noch nicht begegnet.

Toxi konnte noch mehr. In Westerland auf Sylt hab ich mir mal weiße Turnschuhe gekauft. Toxi war dabei und guckte in einen Ganzkörperspiegel, den es in Schuhläden oft gibt, damit man sieht, wie der Schuh am gesamten Menschen wirkt. Er guckte also ausgiebig seine Füße und anschließend uns an – sehr vorwurfsvoll. Weil meine Mutter sich Schuhe kaufte, dachte Toxi, er wäre doch allmählich auch mal dran. Es war ganz deutlich zu sehen. Er sah im Spiegel seine unbeschuhten Füße an, guckte dann ziemlich trübselig in unsere Richtung und dachte: »Da reißt man sich den Arsch auf für diese Familie, aber da hast du dich geschnitten, wenn du glaubst, daß wenigstens zwei Paar Schuhe für dich rausspringen.«

Toxi fuhr gerne Auto. Im Allgäu auf der Voralpenstraße hielten immer die Autos an, weil die Leute das Panorama genießen wollten. Da sprang Toxi rein und ließ sich bis zum nächsten oder übernächsten Kaff einen Lift geben, weil er so gern Auto fuhr. Wenn die Leute ihn zur Polizei bringen wollten, sprang er heraus und versuchte, einen Lift zurück zu bekommen, was natürlich viel schwieriger war. Dann kam er oft mit blutenden Pfoten nach Hause. Schließlich machte meine Mutter den Führerschein. Es ist ein Verbrechen, daß sie ihn bekommen hat. Toxi hat sich in Nullkommanix das Autofahren abgewöhnt.

Du erzählst so viel von euren Kläffern, bist du etwa ein Hundenarr?

Nein, Hunde sind mir ziemlich wurscht. Bis auf Trulla, die war eine echte Ausnahme. Das war ein Neufunddackel in München, mit dem ich sehr befreundet war. Also: Vater Dackel, Mutter Neufundländerin, das heißt ein Riesenbernhardinerkopf, und dann war auch schon Schluß, da war der Hund zu Ende. Er gehörte Rita und Rüdiger Ullrich. Rüdiger Ullrich ist der Bruder der verstorbenen Almut Gernhardt. Rüdiger und Rita sind Psychotherapeuten und mußten in die Toskana fahren, weil sie da irgendwas vergessen hatten. Sie haben Ulla und mir Trulla überlassen, weil ich so gut mit Trulla konnte. Das war sehr angenehm. Trulla hat immer mit ihrem Kopf auf meinem Matratzenlager gepennt, der übrige Hund, den man ansonsten vergessen konnte, pennte außerhalb. Wenn Ulla morgens zur Arbeit ging, nahm sie Trulla mit, damit sie pinkeln konnte. Einmal um den Block und wieder rein. Trulla legte dann wieder diesen Riesenkopf auf mein Matratzenlager, und sobald ich einigermaßen wach war, tat sie so, als hätte sie gleich einen Blasenriß: »Ich muß ja sooooo dringend vor die Tür.« Trulla hatte genauso wie ich eine absolute Kneipennase. Wir sind vorzugsweise in München in den »Soller« in der Talstraße gegangen. Den »Soller« gibt es inzwischen nicht mehr. Da spielte morgens schon ein Stimmungstrio, und Trulla bekam immer einen Riesenknochen, mit dem sie nicht mehr durch die Tür kam. Die sahen nur diesen Bernardinerkopf unterm Tisch, und deshalb hat sie den entsprechenden Knochen bekommen. Die Kapelle, das Stimmungstrio, habe ich sehr geliebt. Der Frontmann fragte mich mal auf dem Weg zum Klo nach meinen Musikwünschen: »Mogst Kanntrie hean?« Ich mochte. Dann haben sie eineinhalb Stunden Western-Swing gespielt. Eine längst ausgestorbene Musikgattung, für die man wirklich etwas können muß. Der große Chet Atkins hat das begründet. »Bob Wills & his Texas Playboys« war die erste Kapelle, die das machte.

Ich kenne deinen Musikgeschmack, seit du heute früh in Galway eine CD von dieser obskuren irischen Country-Tanzkapelle gekauft hast. Hat sich der Hund nicht gewehrt?

Ach was. Irgendwann blieb Trulla mal vor einer Kneipe stehen und wollte dringend rein. Die Kneipe sah absolut nach nichts aus. Ich hab ihr gesagt, »Trulla, nee, da hast du dich wirklich verpeilt, das kann es nicht sein. Das ist doch die hinterletzte Fascho-Pinte.« Aber Trulla bestand darauf, daß wir reingehen. Ich hab gesagt: »Ja gut, Trulla, weil du es bist, aber auf deine Verantwortung. Wenn das jetzt Scheiße ist, glaube ich dir nie wieder etwas.« Wir sind dann hineingegangen, und da merkte man, daß die Kneipe nur von außen doof aussah, weil die Hausfassade renoviert war. Innen war das eine so schöne Höhle, und in der Ecke ein runder Stammtisch mit einer SPD-Traditionsfahne von 1869, und »Freiheit, Gleichheit und Brüderlichkeit«, und »Einigkeit macht stark«. Da habe ich gesagt: »Gut, Trulla, ich sage ja schon gar nichts mehr.«

Ich habe in einer irischen Zeitschrift ein Cartoon gesehen, in dem ein Mann mit einem angeleinten Wellensittich gerade das Haus verlassen will, und seine Frau raunzt ihn an: »Dir ist auch jede Ausrede recht, um in die Kneipe zu gehen.«

Mit Trulla konnte man nicht nur in Kneipen gehen, sondern es war auch in Biergärten sehr schön. In München fällt ja immer viel ab, Weißwurstpelle zum Beispiel, und wenn sie die irgendwo sah, schleppte sie sich völlig entkräftet an den Tisch, wo es Weißwurstpelle gab, und sah auch sofort ungeheuer abgemagert aus. Sie konnte sich also ganz gut selbst ernähren. Später, wenn ich ohne Trulla in den »Soller« ging, sagte die Gastronomie immer: »Hast heut den Schlumpfi net dabei?« Weil der Münchner zunächst Hunde wahrnimmt, und erst in zweiter Linie sonstiges Gesocks. Trulla hatte Zitzenkrebs, woran sie auch eingegangen ist. Bei so einem Dackelkörper hatte sie entsprechend viele Brustwarzen. Sie muß sehr gelitten haben. Das waren die drei wichtigen Hunde in meinem Leben.

Ich mag eher Katzen. Wir hatten eine pechschwarze Katze, aber sie hat ihre sieben Leben ziemlich zügig aufgebraucht. Zweimal erwischte sie der Nachbarshund und zerzauste sie, zweimal geriet sie unter ein Auto und zweimal hatte sie eine fast tödliche Infektion.

In New York hatten wir mal eine zugelaufene Katze. Wegen dieser schönen, alten Feuerleitern können Katzen sich in New York aussuchen, wo sie wohnen wollen. Wenn ich nach der Arbeit nach Hause kam, habe ich mir meinen Chillum angezündet und mein Six Pack of Schäfer ausgepackt. Dann hat sich die Katze neben mich gesetzt und an dem Chillum geschnuppert, direkt an der Glut. Ich habe in den Fernseher geglotzt, die Katze an die Wand, und beide sagten wir uns: »Too much, man, just too much, man.«

Rosa, die Tante von meinem Freund John, lebte auch in solch einem Haus in New York, sie hatte auch eine Katze. Sie glaubte allerdings, die Katze sei die Reinkarnation ihrer Mutter und hätschelte das Tier entsprechend.

Bei Reinkarnation fällt mir ein: Nachdem mein Bruder in Indien gestorben war, stellte seine Witwe in der Schweiz die Urne im Schlafzimmer auf dem Kaminsims. Neben der Urne kroch ein Riesenkäfer umher, und sie dachte, das wäre ihr verstorbener Mann. Das ist natürlich albern. Wenn man schon als Riesenkäfer reinkarniert, warum soll man sich dann ausgerechnet neben seiner Urne aufhalten? Oder? Ich möchte doch nicht immer an meinen Tod erinnert werden. Apropos Käfer: Ich habe mal meine Stammtischschwester Anna Mikula, die Kulturchefin der wöchentlich erscheinenden Wochenzeitschrift *Die Woche,* ziemlich angefreakt. Wir unterhielten uns über einen damaligen *Zeit*-Redakteur, der nicht wußte, wer Gregor Samsa ist, und Anna sagte: »Stell dir mal vor, der ist Redakteur eines solchen Hirnblattes wie der *Zeit* und weiß nicht, wer Gregor Samsa ist.« Ich guckte etwas stumpf vor mich hin, und dann wurde Anna allmählich irre an mir und sagte: »Aber gell, Harry, du weißt schon, wer Gregor Samsa ist?« Darauf ich: »Na, erlaube mal, ich werde wohl wissen, wer Gregor Samsa ist. Den habe ich doch selbst noch in Berlin in der Hasenheide kämpfen sehen. Gregor Samsa staatenlos.« Da brach eine Welt für sie zusammen. Gregor Samsa ist die Hauptfigur der Erzählung »Die Verwandlung« von Franz Kafka. Der wacht eines morgens auf und ist ein Käfer.

Das klingt natürlich sehr einleuchtend: »Gregor Samsa staatenlos, habe ich noch selbst in der Hasenheide kämpfen sehen.« Aber eigentlich haben wir ja von deiner Schulzeit gesprochen...

Nachdem meine Eltern geheiratet hatten, mußten wir ins Allgäu umziehen, weil Kurt W. Marek, besser bekannt unter dem Namen C.W. Ceram, »Götter, Gräber und Gelehrte«, nach Amerika zog. Er war in Woodstock, und zwar in *dem* Woodstock. In Amerika war er aber sehr unglücklich, weil er nicht bedacht hatte, daß es für ihn offenbar zu spät war, Fremdsprachen zu lernen. Er fühlte sich in seiner Eigenschaft als Herzens-Amerikaner in Amerika immer kreuzunwohl. Aber auf diese Weise stand sein Haus leer, und deshalb zogen meine Eltern mit mir ins Allgäu. Dort bin ich in die Zwergschule gegangen. Eigentlich war es keine Zwergschule. Es gab acht Klassen mit vier Lehrern, also wurden immer zwei Klassen zusammen unterrichtet. Da war ich zum ersten und einzigen Mal in meinem Leben ein richtig guter Schüler. Das lag an folgendem: Haschi Marek sagte mal: »Du hast es besonders schwer als Briefmarkensammler und Rasselbandeleser.« Aber dadurch wußte man automatisch mehr als sogar der Lehrkörper. In der Rasselbande kamen Titelgeschichten wie »Fiesta in Cuzco« vor. Also wußte ich, wo Cuzco liegt und was Fiesta bedeutet.

Als Briefmarkensammler kommt man ja auch in der Welt herum.

Ich habe nie bedauert, daß ich mal Briefmarken gesammelt habe, weil ich selbst riesige Filmschinken, die man eigentlich nur im Kino sehen durfte, auch auf einem kleinen Bildschirm mit großem Genuß anguckte. Ich kann mir vorstellen, wie das auf einer großen Leinwand aussieht, weil ich als ehemaliger Briefmarkensammler die Kunstschätze dieser Welt längst im Briefmarkenformat genossen habe.

In Lindenberg wurde damals gerade eine Oberschule fertiggestellt. Da ging aber niemand hin. Ich bestand heimlich die Prüfung zur Oberschule. Na ja, es war halb heimlich. Mein Vater durfte es nicht wissen, weil sein Motto war: Raus aus der Schule, rinn ins Geschäft. In Hamburg hätte ich mir das nie zugetraut. In Hamburg war ich sogar in der Volksschule ein schlechter Schüler. Aber im Allgäu suchten sie händeringend nach Schülern, möglichst evangelischen, weil die klüger waren. Kaum hatte ich die Prüfung bestanden, zogen meine Eltern wieder nach Hamburg. Auf der Oberschule dort war ich sofort wieder ein schlechter Schüler, wie sich das gehörte. Außerdem begann in Bayern das Schuljahr im Herbst und in Hamburg im Frühjahr, so daß ich eine Lücke von einem halben Jahr hatte, die bis heute nicht gestopft wurde. In der Albert-Schweitzer-Schule, wo wir gerade den Bauernkrieg durchnahmen, schrieb ich meine erste Eins in Geschichte, weil endlich mal was kam, das mich interessierte, Thomas Müntzer. In der Walddörfer Schule in Hamburg-Volksdorf waren sie bereits beim Ersten Weltkrieg, so daß meine Lücke vom Bauernkrieg bis zum Ersten Weltkrieg reicht. Es ist alles nicht mehr zu stopfen.

Ich bin in Geschichte nie über das 19. Jahrhundert hinausgekommen. Immer, wenn wir das abgehandelt hatten, war das Schuljahr zu Ende, und danach fingen wir wieder bei den Römern an. Unglücklicherweise war unser Geschichtslehrer auch Lateinlehrer, und er fand es angemessen, das zu kombinieren. Er ließ uns die mittelalterlichen Urkunden aus dem Lateinischen übersetzen.

Ich war in Latein auf der Walddörfer-Schule quasi unzensierbar und bekam die erste sechs minus. Da war ich so stolz. Dann habe ich mich bis zu einer zwei in Latein gesteigert, die ich auch ins Abitur hinübergerettet habe.

Bei mir war es genau umgekehrt. Ich hatte mich jahrelang mit knappen Vieren gerettet, weil meine Interpretation des miserabel übersetzten Textes ganz in Ordnung war, aber im Abitur bekam ich eine Sechs in Latein, weil es keine Interpretationsfrage gab.

In der Walddörfer-Schule gab es einen Lateinlehrer, Professor Dr. Gumprecht, den ich aber glücklicherweise nicht hatte. Bei dem hätte man in Latein eine Interpretation verfassen müssen. Ich konnte krankheitsbedingt an einer Klassenfahrt nicht teilnehmen und wurde deshalb eine Klasse höher zu Dr. Gumprecht gesteckt. Die sprachen Latein miteinander, dabei waren das sogenannte Musen, bildende Kunstmusen. Das fing schon damit an, daß man das Datum sagte, was nicht leicht ist: Am dritten Tag der Iden des September.

Ich weiß, ich weiß. Ich habe beim Versuch, das Datum zu nennen, einen Lachkrampf bei meinem Lehrer ausgelöst.

Vor ein paar Jahren hatte ich eine Lesung in Bad Oldesloe. Da kam Herr Dombrowski, den ich in der Walddörfer-Schule in Latein hatte. In der Albert-Schweitzer-Schule ging es ein bißchen anthroposophisch zu, das heißt, man machte mit ungeheurem pädagogischen Aufwand nichts. Herr Dombrowski, bei dem ich es von unzensierbar bis zu einer Zwei geschafft hatte, hat sich, um mich zu überraschen, aus dem Sekretariat der Walddörfer-Schule meinen Notendurchschnitt in der Oberstufe besorgt. Ich hab einen richtigen Schreck bekommen. Das war immer eine solide Zwei. Damit war's mit dem Mythos vorbei, ich wäre ein schlechter Schüler gewesen. Ich hatte zwar im Abitur eine Fünf in Mathe, aber die habe ich durch eine Eins in Deutsch ausgebügelt. Tja, da ging er hin, der Mythos. Ich war kein schlechter Schüler. Furchtbar! Dabei gab es in der Walddörfer-Schule eigentlich gar keine Einsen. Zwei war das absolut beste, das man kriegen konnte. In meiner Klasse gab es immerhin drei Einsen. Johann Ulrich Siems-Weisbach in Latein, der war aber vorher auf dem Johanneum gewesen und konnte außer Latein gar nichts. Stoffel Weber in Musik. Der war aber damals schon aktiver Komponist und legt heute in Bhagwan-Discos Platten auf.

Was für eine Karriere!

Ganz so schlimm ist es nicht. Er hat sich inzwischen gefangen und bringt in München Schauspielern das Singen bei, weil die doch manchmal in irgendeiner Rolle singen müssen, und sie das an normalen Schauspielschulen nicht lernen. Wenn Leute, die nicht singen können, aber musikalisch sind, plötzlich trotzdem singen müssen, ist das eigentlich viel schöner, als wenn Sänger gleich singen.

Singen kann ich auch nicht. Im Grunde habe ich alle Fächer auf dem Weg zum Abi mit Fünf abgegeben, aber die konnte ich immer mit Mathe ausgleichen. Meinen Abitur-Notendurchschnitt will ich gar nicht wissen. Eine Eins kommt darin jedenfalls nicht vor.

Für meinen Abituraufsatz habe ich nicht nur eine Eins bekommen, sondern sogar noch eine Urkunde für den besten Abituraufsatz von Hamburg, Nordniedersachsen und Holstein. Über Max Frisch: »Gedanken nach einem Fluge.« Ich erinnere mich noch an einen brillanten Satz aus diesem Deutschabitur: »Inzwischen bemüht man sich, ethnische Animositäten in geregeltere Bahnen zu lenken. In Aschenbahnen zumeist.« Ist das nicht brillant?

Doch. Sehr.

Wir hatten bisher immer alle fünf Jahre Klassentreffen, aber inzwischen machen wir das aus Angst alle drei Jahre. Nicht nur aus Angst um Herrn Glockauer, unseren Klassenlehrer, den wir immer noch so lieben wie damals, sondern weil wir selbst auch immer älter werden. Gestorben ist von uns seltsamerweise noch keiner. Das scheint eine sehr gesunde Klasse zu sein. Wenn ich bedenke, wie wir in der blöden Albert-Schweitzer-Schule beim Sportfest der Hamburger Oberschulen immer die Walddörfer-Schüler beneidet haben, weil die alle Pokale abräumten. Ich war in Sport eine ausgesprochene Flasche, und dann auch noch in der Albert-Schweitzer-Schule, die nie irgendwas gewann. Als ich später in der Walddörfer-Schule war, traf ich meine alten Kumpels Kümmel und Seitz und Láczi Kurucz wieder. Die waren in Zivil und ich in Schulsportkleidung, weil ich nämlich Ersatzmann der Schulstaffel war. Aus dem Stand. Toll, was?

Ich bin beeindruckt.

Dennoch bin ich wegen einer Fünf in Sport sitzengeblieben. In Mathe und Physik hatte ich auch Fünfen, aber die konnte ich ausgleichen, doch dann habe ich noch eine in Sport draufgekriegt, was eine Gemeinheit gegenüber dem Schlußmann in der Schwedenstaffel und Ersatzmann in der Schulstaffel ist. Im Sport wurden lauter Sachen geturnt, bei denen man sich die Eier quetschen konnte. Beim Rennen kann man das nicht. Und ich lief gar nicht mal übermäßig schnell. Ich hatte nur die Gabe, jeden zu überholen, der vor mir war. Deshalb war ich ein beliebter Schlußmann. Dabei habe ich so kurze Beine. Das war offenbar der Triumph des Willens. Bloß weg hier.

Bei mir ist das genau umgekehrt: Zu kurzer Oberkörper und zu lange Beine. Ich bin ein Sitzzwerg.

Ich habe einen zu langen Oberkörper und zu lange Arme. Die Hornhaut an den Fingerknöcheln kommt vom Nachziehen. Damit konnte man beim Laufen offenbar gut rudern. Beim letzten Klassentreffen haben wir nochmal die Schwedenstaffel durchgehechelt, das ist die 400, 300, 200 und 100 Meter-Staffel, also immer schneller. Ich wußte noch, daß Naschke die 400 Meter lief, 300

Meter weiß ich nicht mehr, 200 Meter war Wongi Schriever. Und der sagte: »Du wirst dich doch noch dran erinnern, daß ich dir das Staffelholz übergeben habe.« Und ich sagte: »Wongi, du hast nichts kapiert. Ich drehe mich doch nicht um, um zu sehen, wer mir das Staffelholz überreicht. Da bin doch längst losgerannt.« Das hat er dann auch eingesehen. Unser Klassenlehrer, Herr Glokkauer, hat es nach dem Abitur immer mit den zwei oder drei Schönen aus der Klasse getrieben. Aber immer erst danach, weil es ja sonst Unzucht mit Abhängigen gewesen wäre. Wir sind nach dem Abitur in die Heide gefahren. Da hat ihm Petra Dietz, mit der das eigentlich schon mehr oder weniger klar ging, die Ärmel- und Hosenbeine seines Pyjamas zusammengenäht. Außerdem entfernte sie das Mittelstück seiner dreiteiligen Matratze und zog das Laken schön straff. Wir anderen saßen zum größten Teil noch unten und soffen, da kam er plötzlich in seinem Pyjama mit den zusammengenähten Ärmeln und Hosenbeinen und hat strahlend gesagt: »Wer hat das zusammengenäht? Die Frau werde ich heiraten!«

Und hat er sie geheiratet?

Nein. Er war und ist sehr konservativ, und ich bin ein linker Spinner, was ich auch damals schon war. Bei einem Klassentreffen sagte er mal: »Wie kommt es eigentlich, daß wir uns immer so gut verstanden haben?« Darauf ich: »Das lag wohl an der Solidarität der Demokraten.« Weil er zwar sehr konservativ ist, aber doch ein großer Nazi-Fresser. Bei unserem ersten Klassentreffen hat er sich darüber gewundert, daß so viele von uns Lehrer geworden sind. Ich sagte: »An Ihnen hat man eben gemerkt, daß Pauker zu sein doch nicht so übel sein muß.« Damals haben wir ihn noch gesiezt, inzwischen sagen wir Horst oder Günther. Er heißt zwar Horst-Günther, aber einen der beiden Namen kann er nicht leiden, ich vergesse immer, welchen. Er sagte: »Ich hab nun lange genug deine spitzen Sprüche angehört, und nach dem Abitur habe ich keine Lust, mir die weiter anzuhören.« Ich sagte: »Das war kein spitzer Spruch, das hab ich ernst gemeint.« Da ging er ganz schnell aufs Klo und kam nach fünf Minuten mit roten Augen zurück.

Hast du dich auch in der Schulpolitik engagiert, oder gab es so etwas zu deinen Zeiten noch gar nicht?

Doch. Johann Ulrich Siems-Weisbach und ich wechselten uns immer als Klassensprecher ab. Er war mal Vorsitzender der Schülermitverantwortung, also in der Schulpolitik ein ausgewiesener Crack. Wir machten aus, daß wir bei der nächsten Klassensprecherwahl uns selbst wählen. Das habe ich vergessen und ihn gewählt. Mit meiner Stimme wurde er Klassensprecher. Das hat meine Klasse ziemlich schnell bedauert und mich danach gleich wieder gewählt, weil ich die Gabe hatte, von einer Schülerratssitzung, die zehn Minuten gedauert hatte, 45 Minuten lang zu berichten, und das möglichst, wenn eine Mathearbeit anstand. Das war ja unser Recht. Glücklicherweise hatte ich kurz vor den APO-Zeiten Abitur, denn da wurde es ziemlich grimmig. Diese wild gewordenen Schüler haben nämlich unseren wunderbaren Schulleiter Herrn Brühl mehr oder weniger in den Tod getrieben. Der war ein wirklich angenehmer Linksliberaler. Und den haben sie schlecht behandelt. Als die Schülermitverwaltung eingeführt wurde, hat er mich sogar mal in der Pause ins Lehrerzimmer gebeten und gesagt: »Ich möchte, daß du dich da engagierst. Ich will mal ein bißchen Opposition spüren.« Davon hat er dann eine Menge abbekommen. Ich war zwar nicht mehr dabei, aber ich kann mir vorstellen, wie unangenehm das war, denn es hat ja besonders die Linken erwischt. Das hat man ja bei den Scheißstudenten gesehen. Die haben sich eigentlich mehr gegen Linke gewandt als gegen Leute, die die Polizei geholt hätten. Herrn Brühl hatten wir in Geschichte und Gemeinschaftskunde, und da hat er einmal wunderschön mit verteilten Rollen eine pazifistische Veranstaltung im Curiohaus in der Rothenbaumchaussee vorgespielt, die von der SA gestürmt wird. Es kamen darin verschiedene SA-Redner vor und der Rot-Front-Kämpferbund, der der SA einen auf die Mütze haut, und ein kommunistischer Redner. Berühmt waren auch seine Führer-Reden. »Kameraden, wir haben vierzehn Jahre lang darum gekämpft, daß die deutsche Frau wieder Mutter werden kann. UND WIR HABEN ES GESCHAFFT!!!!« An dieser Stelle ging die Tür auf und ein deutscher Schäferhund kam herein. Der wollte sein Frauchen abholen, irrte durch die Gänge und hörte plötzlich die Stimme des Führers, und da wollte er natürlich gucken, was Herrchen will.

Blondi?

Ja. Teil des musischen Abiturs war »Biedermann und die Brandstifter«. Wir hatten zu viele Mädchen in der Klasse. Und »Biedermann und die Brandstifter« war ursprünglich – ähnlich wie »Unter dem Milchwald« von Dylan Thomas – kein Theaterstück, sondern ein Hörspiel. Um diese Mädchenschwemme zu steuern, haben wir den Chor, der im Hörspiel vorkommt, wieder eingeführt, und zwar nach dem Friedhofsgärtnerprinzip. Wenn man einen Friedhofsgärtner mit einer Schubkarre sieht, ist noch nichts. Wenn man zwei Friedhofsgärtner mit einer Schubkarre sieht, ist immer noch nichts. Aber wenn man nacheinander drei Friedhofsgärtner mit einer Schubkarre sieht, nimmt man doch an, daß die was im Schilde führen. Wir haben die Mädchen in schwarze Body-Stockings, Schuhe mit Stilett-Absätzen und echte schwarze Feuerwehrhelme gesteckt. Wenn der Chor auftrat, kam die erste rein, wapps, dann die zweite, wapps, dann die dritte, wapps, dann die vierte, wapps, dann die fünfte, wapps, dann die sechste, wapps, so daß man dachte, das hört ja überhaupt nie wieder auf. Soviel knackige weibliche Feuerwehrleute. Wenn alle auf der Bühne waren, stellten sie sich auf, sagten »WEHE!« und gingen wieder weg. Auf diese Weise waren alle versorgt.

Was hast du denn im »Biedermann« gespielt?

Na, den Biedermann, und zwar mit dem Anzug meines Vaters, einem angeklebten Schnurrbart und einer grauen Perücke. Könnte ich mir heute alles schenken. Auch das Kissen unter dem Anzug. An der spannendsten Stelle ging immer der Schnurrbart ab. Hinter der Bühne saß ein echter Polizist in Unterwäsche und las Illustrierte, weil in »Biedermann« ja auch ein Polizist vorkommt. Anstatt uns einfach eine Uniform zu leihen, sagte er: »Nee, nachher geht ihr los und verhaftet Leute.« Lieber saß er in Unterwäsche und in Socken hinter der Bühne, bis seine Uniform nicht mehr gebraucht wurde.

Ich habe nur einmal Theater gespielt, und zwar im Schullandheim Iserhadsche in der Lüneburger Heide. Das Stück hieß »Betragen ungenügend«. Meine Mitschülerin, die doppelt so groß war wie ich und meine Mutter spielte, wollte die Sache etwas realistischer gestalten und vermöbelte mich auf der Bühne, so daß ich am Ende benommen auf den Brettern lag und meinen Text vergessen hatte. Bei euch ging es vermutlich friedlicher zu.

Nicht unbedingt. Naschke spielte den Ringer Eisenring. Laut Handlung mußte ich vor ihm Angst haben. Ich hatte aber keine Angst vor ihm. Wenn ich ihn laut Regieanweisung freundlich gestupst habe, fiel der nach links in die Soffitten. Und dann sollte man auch noch spielen, daß man Schiß vor ihm hat, wenn er sich gerade wieder aufrappelte. Naschke war regieanweisungsresistent. Da wurde ein Gänsebraten aufgetragen, und Naschke sollte sich kämmen und sagen: »Mmmh, wie das schon duftet!« Mit dem Duft war natürlich der Gänsebraten gemeint. Der hat das aber immer so gespielt, daß man den Eindruck hatte, der riecht an seinem Kamm, mit dem er sich durch die Haare fährt. »Mmmh, wie das schon duftet!« Das war ihm nicht auszutreiben. Aber wie unser Klassenlehrer Herr Glockauer, der sich gezielt professionelle Inszenierungen von »Biedermann und die Brandstifter« angesehen hat, zu recht sagte: »Ihr wart einfach besser.« Ich habe mal so eine abgefilmte Inszenierung im Fernsehen gesehen, schwarz-weiß mit richtigen Schauspielern. Herr Glockauer hatte völlig recht. Wir waren einfach besser.

2. Tag

Lehrzeit

Ralf Sotscheck: *Wir haben gestern über deine Schulzeit gesprochen. Hast Du danach gleich mit der Lehre angefangen?*

Harry Rowohlt: Nee. Erstmal mußte ich bei meiner Mutter noch ein bißchen Händchen halten. Die spielte in Baden-Baden in einem Fernsehspiel mit und hatte Schiß davor. Ich meine, als Schauspielerin soll sie schauspielern oder es lassen, aber nicht herumzicken. Dann durfte ich endlich, weil ich Abitur hatte, alleine nach Paris. Das war sehr angenehm. In Paris habe ich Edmond Lutrand kennengelernt, Rowohlt-Vertreter und literarischer Agent. Obwohl das Wort Agent nicht zu ihm paßt, da stellt man sich etwas anderes vor. Er und seine Frau Rita waren Ansprechpartner und Beichtiger von Autoren. Ich habe Paris erlebt und fand das wunderbar. In der Rue des Rosiers hatte ich eine Stammkneipe namens San Juan-les-Pins. Die wurde von arabischen Juden betrieben, und ein Ballon de rouge ordinaire kostete einen Franc. Dazu gab es vier Untertassen mit Essen, weshalb man für fünf Franc bestens ernährt war und auch ganz leicht einen im Tee hatte. Außerdem gab es tolle arabische Musik.

Was hast du denn in Paris gemacht, außer die Kneipenszene zu studieren?

Ich habe die Gegend erkundet, und Edmond Lutrand erzählte, er hätte mal in den Hallen gearbeitet. Weil er ziemlich klein war, habe ich ihn etwas ungläubig angesehen. Er sagte: »Stellen Sie sich mal gerade hin.« Das habe ich gemacht, und dann hat er mich mit einem Arm um die Hüfte gefaßt und hochgehoben. »Sagen Sie Bescheid, wenn ich Sie wieder runter lassen soll.« Eddie war nämlich Spanienkämpfer und danach in Paris in der Résistance. Und zwar im Untergrund, was insofern etwas paradox klingt, weil er für die Dächer im Quartier Latin verantwortlich war. Damals war ich noch schwindelfrei, und er hat mich auf eine Tour über sein altes Wirkungsfeld mitgenommen. Wir sind über die Dächer gekraxelt, haben uns hin und wieder an einem Schornstein festgehalten und eine Zigarette geraucht. Er erzählte mir, daß er heute noch durchschnittlich zweimal die Woche schweißgebadet aufwacht, weil er vom Dach mal eine Granate auf einen Waffen-SS-Trupp runtergeschmissen hat, daß ihm deren Zähne um die Ohren geflogen sind. Damit ist er nicht fertig geworden. Ich hab ihm gesagt: »Eddie«, denn inzwischen duzten wir uns, »du spinnst doch. Du als Jude und Linker und Spanienkämpfer wärst doch zu allererst dran gewesen.« Und Eddie sagte: »Ja, aber das nützt mir nichts, daß ich das weiß.« Es hat ihn mitgenommen, daß er keinen von denen persönlich kannte, so daß er auch auf keinen einzelnen eine persönliche Wut hätte entwickeln können. Deshalb kam er sich als Massenmörder vor, was ja sehr für ihn spricht. Daß er in der Résistance gekämpft hatte, hielt er so geheim, als wäre er in der Waffen-SS gewesen, weil er Angst hatte, er würde sonst diesen kleinen roten Knopf von der Ehrenlegion verpaßt bekommen. Und er kannte viele Honoratioren, die mit diesem kleinen roten Knopf herumliefen und die er alle nicht leiden konnte. Zu dieser Sorte wollte er nicht gehören. Eddie war wirklich ein großer Held.

Weil wir immer nach Griechenland fuhren, hat er mal gefragt, ob es dort Esel gebe. Ich hab ihm gesagt: »Ja. Nicht viele, aber ein paar gibt es dort schon.« »Gut«, sagte er, »dann komme ich nicht.« Er hatte nämlich mit Hilfe von bis zu zehn Eseln immer Waffen und Munition über die Pyrenäen geschmuggelt. Und wenn dann unsere Landsleute von der Legion Condor ankamen, mußte er bis zu zehn Esel verstecken. Aber Esel machen ja bekanntlich, was sie wollen. Die sehen nicht ein, daß die Legion Condor kommt und man sich deshalb jetzt besser mal unter eine Platane begibt, wo man nicht gesehen werden kann, besonders wenn man mit Dynamit beladen ist.

Wo war denn der Rest der Familie, während du in Paris warst?

Meine Mutter war in Baden-Baden. Das war die Zeit, als sie von mir verlangte, daß ich ihr wegen des Fernsehspiels beistehe, was ich nun als Gipfel der Unprofessionalität empfand. Als ich gerade eine knappe Woche in Paris war, hat sie angerufen, ich solle sofort zurückkommen, was mir gar nicht paßte. Ich hatte mir nämlich kurz vor Ostern eine Eintrittskarte für ein Seder-Mahl gekauft, und zwar aus ethnologischem Interesse, ein sephardisches Seder-Mahl. Auf dem Plakat stand: »Orientalischer Ritus, für die Hausangestellten von Groß-Paris«, und da dachte ich, daß ich auf diese Weise an die ganzen schönen schwarzen Jemenitinnen und die äthiopischen Jüdinnen herankäme. Aber meine Mutter sagte: »In Baden-Baden gibt es doch auch eine Synagoge. Ich melde dich für das hiesige Seder-Mahl an.« Das war kein richtiger Ersatz, aber immerhin. In Baden-Baden habe ich kurz vor diesem Seder-Mahl noch Karl Marx besucht.

Ich dachte, der liegt in London?

Karl Marx war damals Herausgeber der *Allgemeinen Wochenzeitung der Juden in Deutschland*, die inzwischen umbenannt wurde. Sie heißt immer noch so ähnlich, bloß nicht mehr ganz so lang. Marx mußte aus gesundheitlichen Gründen ganz oben auf dem Berg wohnen und traute sich nur selten ins Tal nach Baden-Baden. Marx sagte: »Das mit dem Seder-Mahl interessiert mich sehr. Gleich danach müssen Sie mich mal anrufen. Der Wachsmann, der neue Gemeindeälteste, hat nämlich keine Ahnung.« Es wurde dann sehr schön. Alle fingen an zu essen, nur wir nicht. Wachsmann rief zu uns rüber: »Warum fangt ihr denn nicht an zu essen?« Sagt der Wieselmann zum Wachsmann: »Wir warten auf's Gemiiese!« Sagt der Wachsmann zum Wieselmann: »Worauf wartet ihr? Auf'n Messias?« »Nein«, sagt der Wieselmann zum Wachsmann, »auf's Gemüüüse!« Das fand ich sehr komisch, und als es vorbei war, habe ich den Marx angerufen und ihm alles erzählt. »Ja«, sagte Karl Marx, »der Wachsmann hat eben keine Ahnung.« Noch heute, wenn ich den Namen Wachsmann hör, denke ich: »Der Wachsmann hat eben keine Ahnung.«

Was hat der Wachsmann?

Keine Ahnung. Mit dem Namen Moskowitz ist das ähnlich, da gibt's von Georg Kreisler ein Lied auf seiner LP »Nichtarische Arien«. Das Lied handelt von Onkel Joschi, der sich immer schlecht benimmt, und er kommt irgendwo herein und sagt: »Sind Sie nicht der Moskowitz, der Steuerschulden hat?« Und seitdem ist für mich klar, der Wachsmann hat keine Ahnung, und der Moskowitz hat Steuerschulden.

Und nach dem Seder-Mahl in Baden-Baden?

Danach bin ich in die Lehre gegangen, nach Frankfurt am Main. Suhrkamp und Insel hatten gerade fusioniert. Zunächst wohnte ich bei Frau Ruff in einem möblierten Zimmer zur Untermiete. Das war die Hölle. Sie wäre es zumindest gewesen, wenn ich es zuhause nicht immer so furchtbar gefunden hätte. Ich habe da morgens Nescafé getrunken und ungetoastetes Toastbrot mit Erdnußbutter gegessen, was zuhause undenkbar gewesen wäre. Das ist für mich heute noch der Geschmack der Freiheit: ungetoastetes Toastbrot mit Erdnußbutter und dazu Nescafé, durch den die Erdnußbutter am Gaumen schmilzt. Traumhaft. So war das bei der wahnsinnigen Frau Ruff.

Bei uns gab es einmal im Monat Erdnußbutter, dazu frisches Weißbrot. Ich erinnere mich noch daran, wie man stundenlang versuchte, das Zeug mit der Zunge vom Gaumen abzukratzen. Aber wie war denn deine Lehre, mal abgesehen von Erdnußbutter und der wahnsinnigen Frau Ruff?

Als Lehrling bin ich die logischen Stationen durchlaufen... oder habe ich sie durchlaufen?

Es ist transitiv.

Also habe ich sie durchlaufen. Praktisch wie ein Buch. Angefangen habe ich in der Herstellung, die schönste Abteilung, bei der man als Lehrling gleich zu Anfang am meisten zu lernen hat. Satzanweisungen schreiben, Druckanweisungen schreiben – dabei merkt man tatsächlich, daß man etwas lernt. Mein direkter Vorgesetzter, Gerd Stroucken, der sehr viel später mein Trauzeuge wurde, war vorher am Eigelstein hinter dem Kölner Hauptbahnhof Zuhälter und Schriftsetzer gewesen – mit der Begründung: »Eins wird immer gebraucht.« Der hat mich nach allen Regeln der Kunst ausgebildet. Unser Herstellungs- und Abteilungsleiter war glücklicherweise auch kein Frankfurter. Herr Bendixen kam aus Flensburg. Er war, wie alle Nordfriesen, nicht sehr überschwenglich. Wenn man etwas wirklich toll gemacht zu haben glaubte, sagte er: »Ja, das ist gar nicht mal so gut.« Er wurde später wegen Suffs gefeuert. Dabei hätten wir ihn in der Herstellung mit durchgefüttert, wenn er sich nicht so dämlich angestellt und immer gesagt hätte: »Ich habe Tabletten genommen.« Als er längst gefeuert war, ist er noch monatelang morgens von zuhause weggegangen, hat sich in eine Kneipe gegenüber vom Suhrkamp Verlag gesetzt und immer geguckt, wie wir morgens hinkamen und abends wieder weggingen. Das ist alles sehr traurig. Er lag zum Schluß nur noch vor dem Fernseher und ging seltsamerweise, was ich gar nicht verstehen kann, nur vom Bier kaputt. Er trank gar keinen Schnaps, er aß nicht, bewegte sich nicht, trank nur ungeheuere Mengen Bier und rauchte.

Die anderen Abteilungen waren auch sehr angenehm. Weil Suhrkamp mit Insel fusioniert hatte, kamen wir in den Genuß der Insel-Kantine. Dort kochte Frau Schiller im Keller. Ihr Hund Senta, ein Schäferhund, bellte immer von oben durch's offene Fenster in die Erbsensuppe hinein. Dieser Frau Schiller habe ich einen sehr schmeichelhaften Vorfall mit Walter Boehlich zu verdanken. Frau Schiller fragte mich, wie groß ich sei? Und ich sagte: »Laut Personalausweis, ein Meter sechsundachtzig.« Und Frau Schiller, die aus dem Sudetenland stammte, sagte: »Do hätt der Herr Rowohlt gut in die SS kenna«, woraufhin Boehlich gemein lachte. Ich meine, wenn er einem nicht mal das zutraut, ist das doch sehr schmeichelhaft.

Hattest du in dieser Zeit irgendwelche Hobbys?

Ja, Catchen. Ich habe mal gegen Vijay, einen Inder aus Frankfurt, gecatcht. Er wurde allgemein »Neescher Wischi« genannt, weil der Frankfurter Vijay nicht sagen kann. In Frankfurt gab es damals eine italienische Catchergruppe mit allerersten Kräften. Hinter dem Namen der Catcher stand in Klammern das Land, aus dem sie kamen. Bei Benito Galan, einem Bad Guy, stand in Klammern dahinter: »Echter römischer Gladiator.« Ein anderer fürchterlicher Bad Guy hieß Quasimodo, in Klammern Notre Dame, das war ein Glatzkopf, so daß das Frankfurter Publikum brüllen konnte: »Eierkopp, Eierkopp, Eierkopp!«

Das brüllt wirklich jedes Catchpublikum bei einem Glatzkopf.

Der jedenfalls hat in dem wunderbaren Italo-Western »Töte, Django« von Giulio Questi mit Tomas Milian in der Hauptrolle einen Bad Guy gespielt. Er hatte nicht nur eine Glatze, sondern auch einen Grützbeutel im Nacken, eine gutartige Geschwulst in Größe eines Hühnereis, und seine Widersacher haben daran immer rumgemacht, und dann wurde er zum Tier, was ich gut verstehen kann. Weitere herausragende Kräfte in dieser italienischen Catchertruppe waren El Gregor, in Klammern Griechenland, und ein Türke namens Mustafa Shikane, in Klammern Orient. Damals war eine meiner Stammkneipen das Hellas am Hauptbahnhof, und da diskutierten wir die Leistungen dieser Catchertruppe. Ich posaunte herum, El Gregor, Griechenland, gehe mir dermaßen auf den Wecker, weil er ein Strahlemann und Good Guy sei, und außerdem habe er hängende Schultern. Dann hörte ich plötzlich links über mir eine Stimme: »Das mußt du mir genau erklären.« Das war El Gregor, Griechenland. Er war tatsächlich Grieche, und er ging natürlich ins Hellas, um zu essen und zu saufen. Ich stotterte: »Na ja, ich meine, im Grunde ist der Charakter, den du verkörperst, schon eine ziemliche Lichtgestalt und...« Aber da Catcher notorisch gewaltlose Menschen sind, und Catchen der gewaltloseste Berufsstand ist, den man sich vorstellen kann, ging es glimpflich ab.

Und wo hast du gegen Vijay gecatcht?

Vijay und ich haben auf einer Fete im Insel-Verlag über fünf Runden eine Catcheinlage hingelegt, und das auf Parkettfußboden. Natürlich mit Handlung. Weil wir die Catcher genau beobachtet hatten, wußten wir, worauf es ankam.

Du hast ja schon mal in einem anderen Zusammenhang gesagt, bei guten Büchern ist die Handlung völlig wurscht, wenn Sie Handlung wollen, gehen Sie zum Catchen.

Das stimmt auch. Ich war der Bad Guy: El Phantôm, in Klammern Hamburg, mit Maske, die aber nur bis über die Nase ging, damit mich der Gegner am Bart ziehen konnte. Davon abgesehen trug ich noch eine schwarze Strumpfhose und rechts am Knie, über der Strumpfhose, einen elastischen Verband, damit jeder wußte: Aha, man sollte ihn nicht ans rechte Knie fassen, weil er dann wie ein Affe brüllt. Und Vijay hieß Vijay Raghavan Radscha, in Klammern Bombay, und bis auf das Radscha stimmte alles. Vijay entstammt einer prima Kaste. Man braucht sich seiner Bekanntschaft also nicht zu schämen, denn er ist ein hellhäutiger Brahmane und kommt aus einer absolut erstklassigen Familie. Vijay – auf Sanskrit heißt das »Sieger«. Das hätte ich bedenken sollen. Als Good Guy machte Vijay auf gewaltlosen Gandhi-Arsch. Er verbeugte sich mit aneinander gepatschten Handflächen zu Beginn der ersten Runde vor mir. Stell dir das vor, ein gewaltloser Catcher, da fragt sich doch jeder, was macht der in dem Beruf? Er wollte mir vor der ersten Runde die Hand geben. Ich hab sie natürlich ausgeschlagen.

Da merkten alle, wes Geistes Kind du bist.

Das gehörte zur Handlung. Zu Beginn der zweiten Runde wollte mir Vijay »Wischi« wieder die Hand geben, und diesmal war ich schon etwas milder gestimmt, weil er mir gezeigt hatte, was er drauf hat. Ich habe also seine Hand ergriffen, ihn einmal um mich gewirbelt und aufs Parkett geschmissen, so daß man sich Sorgen um Wischi machen mußte. Vor der dritten Runde, um zu verdeutlichen, daß da Handlung drin war, reichte mir Wischi wieder die Hand. Ich ergriff sie und versuchte den Trick nochmal, aber Wischi hielt stand. Stattdessen wirbelte er mich herum und ließ mich aufs Parkett fallen. Zu Beginn der vierten Runde komme ich richtig schleimig lächelnd an und versuche, Wischi wieder die Hand zu geben, aber das endete in einem fürchterlichen Fiasko, weil sich Wischi als Heiland herausstellt, der völlig gewaltlos ist und sich nur wehrt. Ich versuche nochmal, ihn mit diesem Griff zu werfen, was wir vorher einstudiert haben, damit niemand zu Schaden kommt. Zu Beginn der fünften Runde lasse ich dann die Maske fallen und bin nur noch unfair und gemein. Das Ende dieser Runde erlebe ich nicht mehr bewußt. Mehrere Eimer Wasser helfen nicht, so daß ich aus dem Ring, wenn es denn ein Ring gewesen wäre, getragen werden muß. Traumhaft. Wenn der Kampf von einem verständigen Catch-Publikum, und nicht von Mitarbeitern der Suhrkamp und Insel Verlage gesehen worden wäre, böte er heute noch Gesprächsstoff. Vor Jahren war Wischi in London, um sich einer Bypass-Operation zu unterziehen. Er rief mich in Hamburg an, und ich fragte ihn: »Wischi, erinnerst du dich daran, wie wir gegeneinander gecatcht haben?« Und Wischi sagte: »Ob ich mich daran erinnere? Das hat mich am Leben gehalten!«

Was macht Wischi denn außer Catchen?

Er ist Verleger und Drucker der Colour Publications, Bombay. Ulla hat ihn mal sonntags zu Hause besucht. Seine Familie wohnt in einem ganz mittelgroßen Hochhaus im sechsten Stock in einer ganz normalen Eigentumswohnung, und Wischi hat Ulla vorher gebrieft: »Wundere dich nicht, wenn dir ein nackter, alter Mann die Tür aufmacht. Das ist mein Vater, um zusätzliche Reinkarnationen zu vermeiden, läuft er sonntags nur nackt herum und sagt nichts.« Seine Mutter hat ihm immer Bhang in die Klamotten eingenäht, damit er ungiftige Rauschmittel zu sich nehmen kann, weil sie dachte, in Europa essen die Leute Fleisch und trinken Alkohol. Bhang sind die jungen Triebe des indischen Hanfs, die man nicht raucht, sondern mit Milch und Honig zu sich nimmt. Mein Freund Stroucken und ich hatten mal gesoffen und Bhang zu uns genommen, und am nächsten Tag war aus dem Gästezimmer nichts zu hören. Also habe ich die Tür zum Gästezimmer aufgemacht, um zu sehen, ob Stroucken noch lebte. Man sah nur seine Füße, die Bettdecke hatte er sich über den Kopf gezogen. Unter der Bettdecke hervor sagte er mit tonloser Stimme: »Rowohlt, beschreibe mir bitte, was du auf dem Schrank siehst.« Und ich habe gesagt: »Einen großen Hasen aus roter Zuckerglasur in einem großen runden Goldfischglas.« Und Stroucken nahm die Decke vom Gesicht und sagte: »Gottseidank.«

Das ist doch nett, wenn einem die Mutter Rauschmittel in die Klamotten einnäht. Hat Wischi auch eine Frau?

Ja, er hat uns später geschrieben, er habe jetzt geheiratet, das süßeste, was es in der Klasse und in dem Alter gibt. Und mit Klasse meinte er natürlich Kaste. Seine ältere Tochter hat mir auch mal einen Brief geschrieben. Das Wort über der Unterschrift war mit Tipp-Ex flüssig unkenntlich gemacht, und da hab ich den Brief natürlich gegen das Licht gehalten, um zu sehen, was ihr plötzlich leid getan hat. Es war das Wort »Yours«. Da dachte sie anscheinend: »Oh nee, das ist ein bißchen zu intim.«

Das ist ja auch praktisch wie ein Eheversprechen. Wieviel hast du in deiner Zeit bei Suhrkamp eigentlich verdient?

Im ersten Jahr habe ich hundertzwanzig Mark im Monat verdient, und mein möbliertes Zimmer kostete auch hundertzwanzig Mark. Mutter hat das aufgestockt. Im zweiten Lehrjahr habe ich hundertdreißig Mark im Monat verdient, und im letzten von zweieinhalb Jahren Lehrzeit habe ich stolze hundertvierzig Mark im Monat bekommen, und da habe ich mir in der Kantine eine veritable Magenerweiterung angefressen. Von der Erbsensuppe mit Einlage konnte ich bis zu zwölfmal Nachschlag nehmen. Als wir nach dem Mittagessen zurück in den Suhrkamp-Verlag gingen, kamen wir immer an einem Haus vorbei mit dem Schild »Deutsche Gesellschaft für Ernährung«, und da sagte Herr Bendixen immer: »Hier hätten Sie Mitglied werden sollen!«

Mußtest du auch in die Berufsschule? Ich frage deshalb, weil ich das mal studiert habe: Wirtschaftspädagogik. Zum Glück habe ich nie in dem Job arbeiten müssen, denn das Praktikum in der Reinickendorfer Berufsschule hat mir gereicht.

Ja, die Berufsschule war ziemlich für'n Arsch. Sie hatte allerdings den Vorteil, daß alle Berufsschülerinnen versuchten, abzunehmen. Die wohnten zum größten Teil noch zuhause und brachten ihr Pausenbrot mit, und das habe ich bei den Mädchen eingesammelt und bei Frau Helbourg, wo ich inzwischen zur Untermiete wohnte, eingefroren und dienstags bis sonntags rausgeholt und aufgetaut. Seit dieser Zeit habe ich keinen richtigen Lebensstandard mehr entwickelt. Ich war immer bettelarm, was mir nie jemand geglaubt hat. Mit dem blöden Nachnamen ist das nun mal so. Ich hatte immer den Vorteil, daß ich kein Geld hatte, aber unbegrenzt kreditwürdig gewesen wäre, wenn ich jemals hätte Schulden machen wollen. Ich hatte aber nur einmal Schulden: Zehn Mark, vierundzwanzig Stunden lang, am Kiosk. Die Menschen wundern sich immer, daß ich so anspruchslos bin, aber ich bin es einfach nicht anders gewohnt. Anfang des Monats ging ich zum O-Max in der Kaiserstraße, das war ein jugoslawischer Billig-Imbiß, den es leider nicht mehr gibt. Dort habe ich mir immer Nierenspieß gekauft. Am Monatsanfang mit Pommes, und dann, so gegen Ende des Monats, nur mit Brot. Pommes waren für mich der absolute Luxus. Die gab es mit ganz vielen rohen Zwiebeln. Rohe Zwiebeln sind sehr gut gegen Hungergefühle, deshalb essen arme Leute rohe Zwiebeln. Und außerdem sind sie köstlich.

Bei uns gab es vor der Schule an der Bushaltestelle einen Imbiß, wo wir uns jeden Tag ein Brötchen mit Senf oder mit Ketchup gekauft haben. Das Brötchen kostete einen Groschen, aber jeden zweiten Tag hat die Budenbesitzerin 15 Pfennig kassiert – für Senf und Ketchup. Waren die Helbourgs auch so wahnsinnig wie die wahnsinnige Frau Ruff?

Nein, die Wirtsleute waren sehr nett. Helbourg ist ein hugenottischer Name. Sie war aus dem Sauerland, und ihr eponymer, namensgebender Mann, hieß natürlich genauso mit Nachnamen, sprach das aber anders aus, weil er aus Frankfurt war: Hellborsch. Er war Posaunist bei Willy Berking. Samstags und sonntags kam Frau Helbourg morgens in mein Zimmer, klopfte kurz an, machte aber sofort die Tür auf und servierte mir zwei Spiegeleier mit Speck. Ich hatte Ulla zum erstenmal über Nacht da, von Freitag auf Samstag, und hatte furchtbare Angst, weil ich doch wußte, Frau Helbourg kommt rein, klopft und macht sofort die Tür auf. Und was dann?

Und was dann?

Später habe ich erfahren, daß Frau Helbourg gleich am Anfang meine Mutter angerufen hat, weil ich ja noch nicht mündig war. Das wurde man erst mit einundzwanzig. Ob meine Mutter sie wohl verklagen würde, wenn ich mal jemanden mitbringe? Meine Mutter hätte sehr gern gesagt, daß sie sie verklagen würde, hat sich das aber nicht getraut und tat so, als wäre sie ungeheuer aufgeklärt. Sie sagte: »Nein, nein, höhöhöhö!« Das konnte ich aber alles nicht ahnen. Und dann, Samstag früh klopfte es, sofort kam Frau Helbourg mit ihren Spiegeleiern und dem ganzen Kram herein und sagte: »Oh, ist hier ein Hecht, erstmal Fenster aufreißen. Ach, und ein Frolleinken hat er sich auch mitgebracht, werd ich gleich noch zwei Eier in die Panne kloppen!« Wenn die sich nicht ein Haus im Taunus gebaut hätten, wohin sie auch gezogen sind, wohnte ich da immer noch zur Untermiete, so schön war das. So schön war es nie wieder.

Herrje, das ist ja traurig. Aber wie ging es dann weiter mit deiner Lehre?

Ich bin dann, wie gesagt, alle Abteilungen durchlaufen. Jetzt weiß ich wieder nicht, ob das richtig war, denn Perfecta von Verben der Bewegung bildet man mit dem Hilfsverb »sein«, aber transitive Verben mit »haben«. Also »hab ich's durchlaufen«, oder »bin ich's durchlaufen?«

Es ist transitiv, glaub's mir.

Ich bin durchlaufen, aber ich habe es durchlaufen. Also gut: Ich habe sämtliche Abteilungen durchlaufen, und im Theaterverlag habe ich dann, wie man in der alten DDR sagte, in »Selbstverpflichtung« die vielen, vielen Manuskripte gelesen, die kein Schwein haben will. Nullkommaacht Prozent aller tatsächlich erscheinenden Bücher stammen von eingesandten Manuskripten. Wenn man wirklich ein Buch geschrieben hat und es einem wurscht ist, ob es erscheint, sollte man es an Verlage schicken, an Lektorate. Die werden nie gelesen, weil sie Scheiße sind. Also werden sie mit Recht nicht gelesen. Da habe ich dann freundliche Voten geschrieben, was mir gar nicht leicht gefallen ist. Das kannte ich aber schon aus der Schulzeit, weil meine Mutter als Beschäftigungstherapie vom Rowohlt-Theater-Verlag eingesandte Theaterstücke zum Lesen bekam, um sie zu beurteilen. Sie konnte nicht schreiben, woher auch, als Schauspielerin. Schauspieler sind nun mal nicht sehr helle, das ist die Berufsbeschreibung. Es gibt doch den deutschen promovierten Schauspieler, Dr. Hanns Zischler, und da hat mein Freund Morgan Entrekin, ein amerikanischer Verleger, gesagt: »Ein promovierter Schauspieler? A smart actor? Das ist eine adversatio in adiecto.« Deshalb mußte ich für meine Mutter immer die Voten schreiben, und dann haben wir bis morgens um fünf diskutiert, was für sie nicht weiter schlimm war, weil sie ja morgens auspennen konnte. Ich mußte dagegen unbedingt in die Schule, weil ich keine Lust hatte, diesen Schwachsinn sauber abzutippen, den sie da hingeschliert hatte. Ich hatte also bereits Übung im Beurteilen von Texten. Im Suhrkamp-Theater-Verlag hatte das noch den Vorteil, daß die Voten vorher nicht von meiner Mutter verfaßt worden waren, sondern daß ich sie gleich selber schreiben durfte. Die hat dann zwar auch kein Schwein gelesen, aber das macht ja nichts. Immerhin waren sie kürzer als die eingesandten Theaterstücke.

War es denn nur Mist, der eingereicht wurde?

Nein. Meine Mutter hatte den »Stellvertreter« von Hochhuth zugeschickt bekommen, und wir beide meinten, daß der unbedingt angenommen und aufgeführt werden sollte. Weil meine Mutter das fand, und ich auch, und weil ich es sauber abgetippt habe, stelle ich mir vor, daß die Stimme meiner Mutter, also meine, den Ausschlag gegeben hat. Sonst wäre Hochhuth weithin unbekannt geblieben und hätte auch nicht den Kasseler Preis zur Pflege der deutschen Sprache, dotiert mit sechzigtausend Mark, bekommen.

Zurück zu deiner Lehrzeit.

Ich hege heute noch einen alten Groll gegenüber Schwaben, besonders gegenüber Stuttgart, weil ich in meiner Lehrzeit bei Suhrkamp zwei Monate bei der Verlagsauslieferung Koch, Neff & Oettinger zubringen mußte. Den ersten Monat war ich im Barsortiment, und ich bin froh, daß das nur einen Monat gedauert hat, sonst hätte ich unweigerlich Karriere gemacht. Ich war nämlich der einzige, der bei dem Titel »Narziß und Goldmund« unter »Hesse« nachguckte, und nicht unter »Gartenbau«. Ich frage mich, warum die lauter Analphabeten eingestellt haben? Sie hätten doch irgendwelche verbummelten Studenten nehmen können. Ja, ich hätte Karriere gemacht und müßte jetzt in Stuttgart wohnen und Mercedes fahren, und das wäre nicht so schön. Im zweiten Monat war ich in Vaihingen, in der Verlagsauslieferung. Das war ein absoluter Druckposten. Während dieser zwei Monate wohnte ich in Stuttgart in einer kleinen Familienpension. Die Wirtin kam jeden Morgen mit ins Badezimmer, um sicher zu gehen, daß ich die Wanne nicht zu voll laufen ließ. Und während die Wanne ein Viertel voll lief, kraulte sie ihrem weißen Zwergpudel den Bauch, der daraufhin brummte, und sagte, parallel zum Pegelstand in der Wanne: »Kannscht du recht brumme?« »Kannscht du recht brumme?« »Kannscht du recht brumme?« »Kannscht du recht brumme?«

Ich hab's kapiert.

Und dann drehte sie das Wasser ab und verzog sich mitsamt ihrer Töle. Ich hab dann hinter den beiden abgeschlossen und die Wanne so voll laufen lassen, daß ich kaum noch mit hineinpaßte. Sehr viel später, nach meiner ersten Lesung in Stuttgart im Haus der Wirtschaft, die ziemlich lange dauerte, maulte mich der Hausmeister an, er hätte eigentlich um elf Feierabend gehabt. Ich sagte ihm: »Ja, hätten Sie vorher einen Ton gesagt, hätte ich um Punkt zehn vor elf aufgehört. So gerne arbeite ich auch wieder nicht.« Und da sagte er: »Des sieht mer Ihne aber auch überdeutlich an.«

Aber dieser Groll verflog dann in Ellwangen, an der Schwäbischen Ostalb, denn dort fuhr Fräulein Verena Schmidt von der *Schwäbischen Post* eine so prima Interview-Einleitung, daß ich heute noch völlig von den Socken bin. Fräulein Verena Schmidt von der *Schwäbischen Post* nämlich sagte: »Herr Rowohlt, Sie schrieben einmal, bei Schwäbisch ziehe sich Ihnen das Skrotum zusammen. Isch des im Augebligg au dr Fall?« Muß man sich um eine solche Jugend Sorgen machen? Ich meine: Nein.

Ellwangen kenne ich, dort gibt es eine irische Kneipe.

Genau, »Finnegans Wake«, korrekt, ohne Apostroph. Die hat ein Firmenschild, das im Winde ächzt und knarrt wie das Schild der Taverne »Admiral Benbow« gleich zu Anfang der »Schatzinsel«, und auf diesem Schild steht großfressig: »Established in 1997.« Da ist es wirklich wunderschön, und der Wirt ist tatsächlich Ire, spricht aber seltsamerweise ein deutsches oder französisches »R«. Kommt das irgendwo in Irland vor?

Ein bißchen in Kerry im Südwesten. Aber im Irischen, also in der gälischen Sprache, wird das »R« bei einer bestimmten Vokalkonstellation ähnlich wie im Deutschen oder Französischen ausgesprochen. Der Wirt war vermutlich ein »native Gaelic speaker«.

Ich hab leider vergessen, wie der Wirt heißt, aber er war mal zur Besichtigung in der Bushmills-Brennerei. Da sind fünf Besichtigungen pro Tag, und die Herumführerin sagte voller Stolz, daß sie seit Bestehen dieser Brennerei nie einen Katholiken beschäftigt hätten. Da war der Wirt so was von sauer, daß er alle fünf Besichtigungen mitgemacht und danach so viel Black Bush getrunken hat wie möglich, um diese Firma zu schädigen. Auf nüchternen Magen natürlich, weil für das Frühstück keine Zeit geblieben war.

In San Francisco hat der Bürgermeister vor ein paar Jahren eine Riesenladung Bushmills-Whiskey in einen Gulli gekippt, weil die Brennerei keine Katholiken beschäftigte. Die Exil-Iren, die vorher davon Wind bekommen haben, sollen mit offenen Mündern in der Kanalisation gewartet haben. Inzwischen unterstützt Bushmills aber auch die Gaelic Athletic Association, den Verband für traditionelle irische Sportarten, und nun wird Bushmills von den unionistisch kontrollierten Stadtverwaltungen boykottiert.

Marlboro hatte ja auch Schwierigkeiten, weil irgendwelche Idioten diese drei Einkerbungen, die eigentlich für das »M« stehen sollten, für KKK – Ku-Klux-Klan – gehalten haben. Mannomann. Da ist man mit Gauloises wirklich fein raus. Nichts gegen San Francisco übrigens. Da bekommen die dorthin wallfahrenden deutschen Schwulen, die nicht auf ihre gewohnten Zigaretten verzichten mögen, sogar Reval und Eckstein.

Wir haben mal in San Francisco bei Freunden von Crumbs übernachtet. Gleich nebenan war ein Kino mit dem Double-Feature »Pizza Boy« und »One Size Fits

All«. Da habe ich einen echten schwulen Hund kennenlernen dürfen. Das war in einem Café, wo es sehr gute Bagels mit »Schmier« gab, und zwar mit Lachsgeschmack. In Deutschland gibt es das in jedem Supermarkt, aber in San Francisco war das selten, und deshalb waren wir da immer zum Frühstück. Da sagte ein stolzer Hundebesitzer: »Der tut nichts, der beißt nicht. Der ist nur schwul.« Und das stimmte. Da kam später ein Rüde rein, und ... ein schwuler Hund.

Das ist also mit »schwuler Hund« gemeint. Aber erzähl weiter von deiner Lehre.

Ah, Ralf führt mich wieder auf den rechten Pfad zurück. Okay: Alle anderen Suhrkamp/Insel-Lehrlinge gingen in eine Druckerei nach Heidelberg. Die »Heidelberger« erkenne ich immer noch am Geräusch und am Geruch, am Geräusch von weitem, und am Geruch von nahem. In Volos in Griechenland vernahm ich mal dieses Geräusch und dachte sofort: »Das kenn ich doch?« Und tatsächlich, da war eine Druckerei, die mit einer alten »Heidelberger« arbeitete. Die hatten alles sperrangelweit offen, so daß man das zweieinhalb Blocks weit hörte, und einen halben Block weit entfernt hatte ich auch den Duft wieder in der Nase. Die Hälfte der japanischen Touristen in Heidelberg kommt nicht wegen der Burg und wegen »Alt-Heidelberg, du Feine«, sondern wegen der Heidelberger Druckmaschinen. Die haben immer noch auf der ganzen Welt einen Ruf. H.C. Artmann hat, glaube ich, mal geschrieben: »Mein Name klingt heute noch auf dem trägen Mississippi-Steamern wie ein Peitschenknall.«

Das hat er bestimmt nicht geschrieben.

Aber ihm traue ich das am ehesten und am liebsten zu. In Leck gab es ein Lehrlingsheim, das sogenannte »Bullenkloster«, doch ich durfte dort nicht wohnen, weil meine Mutter, die sich immer gern Sorgen macht, völlig zu Recht fand, daß man da kein Frühstück bekommt. Deshalb mußte ich bei den Besitzern der Druckerei wohnen, was für alle Beteiligten eine ziemliche Tortur war – zwei Monate lang. Oder waren es drei? Als ich später auf der Frankfurter Buchmesse den alten Vater von Frau Doktor des Arts wieder getroffen habe, meinte er sogar, ich hätte damals drei Jahre bei ihnen gewohnt. Mir kam das auch so vor. Immerhin: Es gab Frühstück.

Ich hatte einmal meinen Hausschlüssel vergessen und kam nachts nach Hause, wollte aber niemanden stören, weil ich ja ein mehr als ungebetener Gast war. Draußen hing ein Teppich zum Ausklopfen, wie ich dachte, aber er war gewaschen worden und hing dort zum Trocknen. Um nicht so zu frieren, habe ich mich in den Teppich eingewickelt. Weil man mir als Kind beigebracht hatte, die Hände über der Bettdecke zu halten, hatte ich dann auch die Hände über der Bettdecke. Gegen Morgen war der Teppich leicht gefroren. Aber so schlimm war es gar nicht, nur die Hände waren kalt, weil ich die über der Bettdecke hatte. Frau Doktor des Arts sah mich dann morgens, als sie aus dem Fenster blickte, und hat mich vorsichtig ausgewickelt, damit der Teppich nicht brach. Ich habe dann an dem Tag frei bekommen, und sie hat mir sogar einen Tee mit Rum gemacht. Das war unglaublich, danach im richtigen Bett zu liegen. Sie war sehr lieb, auch als nicht-missionierende Anthroposophin.

Während des Vertriebspraktikums war ich in Westberlin in der Buchhandlung Schöller, Bücherstube Marga Schöller, damals noch auf dem Kurfürstendamm direkt neben Tchibo, wo zweimal am Tag Kaffeepause gemacht wurde. Damals hatte ich mir in Altona im »American Stock« für sechs Mark ein Einknöpf-Futter für eine Parka besorgt, und den trug ich andersrum, als Pelzmantel, und sah damit rattenscharf aus – wie der junge Rasputin. Nur in Westberlin empfand das niemand so. Die haben alle zu mir gesagt: »Dir hamse ooch zu vajasen vajessen, wa.« Dienstags bin ich in den Ostsektor gegangen, um dort bei den verschiedensten DDR-Verlagen Bücher zu holen, die an alte Kunden der Buchhandlung Schöller versandt wurden, Emigranten in Lateinamerika, den USA, Kanada und in Israel. Dienstag war ganz anders. Kaum stieg ich Friedrichstraße aus, schon klumpten sich Jugendliche um mich herum und sagten: »Sach mal, Alter, wo hast'n diese Wahnsinnskutte her? Wat nimmsten du für die?« Ostberlin war damals für mich eine Insel der Seligen, und wenn ich nicht sowieso Kommunist gewesen wäre, wäre ich es auf der Stelle geworden. Das hat sich inzwischen ein bißchen geändert, aber immerhin. Ich habe immer noch so ein gewisses Hochgefühl, wenn ich mit der S-Bahn Richtung Osten fahre.

Marga Schöller war übrigens lesbisch und ihr Mann war schwul. Das war so ähnlich wie bei Gründgens und Marianne Hoppe, um die Nazis von sich abzulenken. Deshalb waren alle männlichen Angestellten auch schwul. Die weiblichen aber nicht. Ich konnte das also nur empfehlen. Es war wie in San Fransisco. Man hatte als »Stino« die freie Auswahl.

Schöller war damals mein Lieblingsbuchladen, da war ich schon 1967 einkaufen. Vielleicht sind wir uns damals ja mal über den Weg gelaufen.

Möglich. Das war jedenfalls eine wunderbare Zeit. Ich habe bei der Verlegerin Renate Gerhardt gewohnt, weil ich für drei Monate kein möbliertes Zimmer in Berlin bekommen habe. Bei einem SEW-Genossen hätte ich in seiner Schrebergartenhütte pennen dürfen. Die war aber nicht beheizbar, und im Oktober, November, Dezember war mir das zu riskant. Sein Sohn hieß Walter, nach Walter Ulbricht. Ist das nicht nett? Damals hießen kaum Kinder Walter.

Renate Gerhardt hat die wunderbaren rororo-Thriller erfunden, für die der französische Verlag Denoël heute noch jeden Monat Lizenzgebühren zahlt. Die sehen immer noch so aus wie die ersten rororo-Thriller, auf gelbem Papier gedruckt, weil man Krimis ja im Bett liest, bei Kunstlicht also. Und das schmeichelt den Augen. Der Umschlag ist in der alten *Twen*-Tradition gehalten, mit Fotos, auf denen man nichts erkennt, wie sich das für Krimis auch gehört. Ein bißchen Rätselhaftes muß ja bleiben. Auch das bekannte Shakespeare-Zitat zum Thema Thriller, »A faint cold fear thrills through my veins«, welches mein Brüderchen im Webster gefunden hat, gibt es noch. Er sagte: »Thriller, Thriller, was bedeutet das denn überhaupt?« Da hat er im Webster nachgesehen und diesen schönen Spruch gefunden. Jetzt sind die rororo-Krimis wieder bunt geworden und sehen recht anständig aus, aber zwischendurch war das ganz furchtbar. Ich fand, daß man diesen snobistischen Appeal hätte durchhalten sollen. Alle waren neidisch und dachten sich, ach, wäre uns das doch nur eingefallen. Das waren wirklich Krimis, die man nicht nur im Bett, wo es niemand sieht, sondern auch in der U-Bahn lesen konnte und von allen bewundert wurde.

Bei Frau Gerhardt habe ich in einem Berliner Zimmer gewohnt. Die meisten Altbauwohnungen sind so geschnitten, daß immer ein Zimmer für die Spreewälder Amme oder für drei Fahrräder übrigbleibt. In dem Zimmer habe ich gewohnt und ihr, wenn auch zu Genossenpreisen, die Miete bezahlt. Sie hat sich sehr dagegen gewehrt, sie dann aber doch zähneknirschend genommen. Nach Ablauf der drei Monate bin ich zurück in die Bundesrepublik gefahren, und da stellte sich bei der Kontrolle durch die Grenzsicherungsorgane der Deutschen Demokratischen Republik heraus, daß sie mir die drei Monatsmieten in meinen Kulturbeutel gestopft hatte. Das war aber nicht so viel, daß ich da groß was hätte erklären müssen.

Hast du noch Kontakt zu ihr?

Sie ist nun leider auch gestorben. Wenn ich in Berlin eine Lesung hatte, habe ich alle alarmiert, damit überhaupt jemand kam, und um ein bißchen vor ihr anzugeben, daß aus mir was geworden ist. Inzwischen tue ich das nicht mehr, weshalb alle immer beleidigt sind. »Was, du hast in Berlin gelesen? Warum sagst du das nicht vorher?« Ich sage das mit Absicht nicht vorher, weil sich sonst alle verhaftet fühlen. Man kennt ja doch in dem einen oder anderen Kaff einige Leute, und wenn man die alarmiert, sagen die vielleicht etwas anderes ab, weil man sonst sauer sein könnte. Dabei bin ich überhaupt nicht sauer, wenn Leute in der Lesung sind, die ich nicht kenne, im Gegenteil. Wenn man jemanden kennt, muß man mit dem nach der Lesung noch einen saufen gehen, und ich sauf ja bereits während der Lesung und plane das in der Regel so, daß ich erst zehn Minuten nach Ende der Lesung besoffen bin. Wenn mich jemand bucht, muß er damit rechnen, daß ich möglicherweise verkatert, aber stocknüchtern zur Lesung erscheine, denn erscheint man bereits besoffen zur Lesung, ist das Beschiß am Publikum. Das Publikum muß miterleben können, wie man sich zugrunde richtet. Und sich nach Möglichkeit auch selbst zugrunde richten. Deshalb lese ich besonders gern in Sälen, Hallen oder Buchhandlungen, wo Gastronomie vorhanden ist, damit man sich nicht allein zum Affen macht, sondern damit das Publikum auch Gelegenheit bekommt, sich zu blamieren.

Das war ja auf dem taz-*Kongreß so schön, daß das Publikum auch Whiskey bekam, wenn auch nur in homöopathischen Dosen. Und du bist auf der Lesung fünf Zentimeter von mir abgerückt, als ich sagte, ich tränke auch Scotch?*

Nichts gegen Toleranz, aber irgendwo muß man auch

mal einen Trennungsstrich ziehen. Klar, wenn man keinen Charakter hat und im Gegensatz zu mir nicht Ambassador of Irish Whiskey ist, dann säuft man's, wie's kommt. Gegen Helbings alten Kümmel habe ich dann auch nix mehr einzuwenden, obwohl das ja eine ganz andere Sparte ist.

Du hast übrigens den Hosenstall offen.

Ach! Mein Brüderchen hatte mal auf der Vertreterkonferenz den Hosenstall offen, und alle haben versucht, ihm das nonverbal zu signalisieren, und irgendwann hat er es dann kapiert und den Hosenschlitz mit den Worten zugemacht: »Na, wenn kein Interesse besteht.«

Wenigstens hast du überhaupt ein paar Hosen, nachdem dein Gepäck zwei Tage bei der Fluglinie verschollen war.

Und frische Socken! Die sind zwar zu kurz, aber ich werde mich im Laufe der Woche langsam steigern. Ich hab ein Rote-Socken-Deputat vom Kulturamt der Stadt Ingolstadt. Da hatte ich neulich eine Tingeltour, fünf Etappen, und Ingolstadt war die erste. Als ich ins Hotel kam, gab es eine Nachricht für mich an der Rezeption – was immer schön ist. Ich sollte bei der Lindenstraße anrufen. Man sagte mir, daß ich nach meiner Lesung in Leipzig noch einen Dreh habe. Beim Essen mit der Kulturdezernentin von Ingolstadt hab ich sie gefragt, ob sie Vegetarierin sei, und sie bejahte errötend. Damit fing das an. Wunderbar. Ganz harmlose Fragen, aber man wußte schon vorher, bei der wird sie erröten. Jedenfalls habe ich furchtbar gejammert, daß ich nach Leipzig nicht nach Hause dürfe, sondern nochmal nach Köln zur »Lindenstraße« muß. Dadurch gerate meine gesamte Socken-Buchführung durcheinander, so daß ich mir in Ingolstadt womöglich noch ein Paar Socken kaufen muß. Abends bei der Lesung lag auf meinem Lesetisch ein

Paar rote Socken, und da habe ich gesagt: »Prima, dann zieh ich die in Leipzig an.« In Leipzig habe ich im Hotel-Foyer eine Autoren-Delegation von Diogenes getroffen, Sibylle Mulot, Jakob Arjouni, und Ingrid Noll. Jakob und ich haben uns heftig umarmt. Den kannte ich von meiner Zeit im Suhrkamp-Theater-Verlag. Da war er noch Fötus in Frau Bothe, der rechten Hand von Doktor Karl-Heinz Braun, der später den »Verlag der Autoren« gegründet hat. Ich wußte, daß der einst Jakob heißen sollte, habe ihn als Baby jedoch nie erlebt. Da kann man dann immer sagen: »Ich kenne Sie, als sie noch *so* waren.« Dann zeigt man die Größe nicht vertikal an, sondern horizontal. Man hält die Hand vertikal vor den Bauch. Ich habe dann Sibylle Mulot meine roten Socken gezeigt, die ich tatsächlich in Leipzig trug. Sie hatte zwei Tage später eine Lesung in Ingolstadt, wo man wußte, daß sie aus Leipzig kam. Das Kulturamt der Stadt Ingolstadt sagte zunächst gar nichts, als sie kam. Doch dann fragten alle durcheinander: »Hatte Harry Rowohlt in Leipzig seine roten Socken an?« Das konnte sie bestätigen. Ich hab die Socken bei der Lesung gezeigt und auch brav Applaus dafür bekommen, aber anschließend bemerkt, daß mein Lesetisch mit einem schwarzen Tuch verhängt war. Also hab ich das Tuch weggezogen und nochmal meine roten Socken gezeigt. Und dann kriegten die Socken in Leipzig nochmal ordentlichen Applaus, so daß man durchaus sagen kann, daß sie einen »Vorhang« bekommen haben.

In England gelten rote Socken als Zeichen der Exzentrizität. Die Oberhaus-Lords zum Beispiel tragen zum Nadelstreifenanzug gerne rote Socken, wenn sie mal die Sau rauslassen wollen.

Ich hab da eher an die »Rote-Socken«-Kampagne der CDU gedacht. Nach diesem schönen Erfolg mit den roten Socken habe ich jetzt ein Rote-Socken-Deputat bis an mein Lebensende. Ist doch schön zu wissen, daß man sich nie wieder rote Socken kaufen muß. Schade, daß es keine Fernschreiber mehr gibt, sonst könnte man einfach ein Fernschreiben nach Ingolstadt absetzen. Im Telegrammstil: »Sofort schicket – stop.«

Warst du eigentlich ein guter Lehrjunge?

In meiner Lehrzeit mußte man ein Berichtsheft führen. Frau Doktor des Arts in Leck in Nordfriesland sagte einmal: »Führen Sie denn überhaupt ein Berichtsheft? Sie arbeiten doch überhaupt nicht.« Und ich sagte: »Ich kann doch nicht während dieser zweieinhalb Jahre Lehrzeit regelmäßig ein Berichtsheft führen, da komm ich ja zu gar nichts sonst.« Das Berichtsheft habe ich dann in den letzten anderthalb Tagen geschrieben, zum Beispiel über kulturelle Veranstaltungen, an denen ich teilgenommen habe. Da dachte ich: Au, das wird schwer werden, bis mir aufgefallen ist, daß ich ständig im Theater und im Museum gewesen war, ohne das gemerkt zu haben. Die anderen Lehrlinge waren nie im Theater. Die mußten alles erfinden, also habe ich ihnen ein paar Ausstellungen geschenkt. Das beste Berichtsheft meines Jahrgangs stammte von mir, was nicht weiter schwierig war. Es gab nur ganz wenige Verlagslehrlinge, und die Sortimentsbuchhandelslehrlinge hatten meistens irgendeine Schreibwarenhandlung mit Buchabteilung geerbt. Da gab es hauptsächlich Schneider-Kinderbücher, sowie die guten Pixi-Bücher.

Pixi-Bücher habe ich früher geliebt. Ist doch prima, wenn es so etwas in Schreibwarenhandlungen gibt. Hatten die Schreibwarenhändler mit angeschlossener Buchabteilung denn irgendeinen Schimmer vom Buchhandel?

Die waren natürlich in Buchführung und in kaufmännischem Rechnen besser als ich. Aber nachmittags, im sogenannten Fachunterricht, waren Theaterstücke zu interpretieren. Das hatte ich gelernt, das konnte ich flüssig. In kaufmännischem Rechnen und Buchführung hatte ich eine Fünf, außerdem waren es rein akademische Fächer. Kein Schwein hat jemals so kaufmännisch gerechnet, wie das da gelehrt wurde. Das war so, als lernte man Hebräisch oder Alt-Griechisch, womit man ganz sicher nichts anfangen kann. Das ist keine Entschuldigung, es nicht zu kapieren. Aber immerhin. Dann war die Lehre erfolgreich beendet.

Ich gratuliere nachträglich.

Danke. Ich habe dann mitgemacht, als wir uns gewerkschaftlich organisieren wollten. Es war leider nicht die IG Druck & Papier, sondern die langweilige HBV – Handel, Banken, Versicherung, aber immerhin. Doktor Unseld, der ein prima Lehrherr war, achtete darauf, daß man als Lehrling in der 10-Uhr-Konferenz war, auf der man kleine Referate halten mußte. Ich hielt eins über »Goethe und seine Verleger«. Einer seiner Verleger war Göschen. Also habe ich mich in Göschen eingearbeitet und ein Referat in Fortsetzungen gehalten. Das mußten sich alle Abteilungsleiter brav anhören, auch Lutz Reinecke, der damals Suhrkamp-Vertriebsleiter war und später »Zweitausendeins« gegründet hat. Unseld hat sich wirklich dreimal als hervorragender Lehrherr und Chef erwiesen.

Nur drei Mal?

Ja. Gegenüber vom Suhrkamp Verlag, im Grüneburgweg, wohnte im Parterre ein etwas zurückgebliebener Exhibitionist bei seiner Mutter. Der holte sich jeden Vormittag, gegen halb zwölf, am Fenster einen runter. Das wußten alle. Wir guckten da auch schon lange nicht mehr hin. Nur Fräulein Dafinger aus dem Vertrieb rief die Polizei, als sie das zum ersten Mal sah. Da hat Unseld sie zur Sau gemacht. »Solche Menschen brauchen zwar Hilfe, aber sicher nicht Hilfe polizeilicher Natur. Und wenn Sie das nicht kapiert haben, dann sind Sie bei Suhrkamp im falschen Laden.« Das fand ich sehr anständig von ihm. Zum zweiten: Fräulein Braatz in der Herstellung beging regelmäßig Selbstmord, und dann kam Unseld persönlich bei ihr vorbei und schnitt sie von der Strippe ab.

Und das dritte Mal?

Das habe ich jetzt vergessen. Aber weil ich mich gewerkschaftlich engagiert hatte, mochte mich Unseld überhaupt nicht mehr. Um ihn ein bißchen zu quälen, habe ich ihn daran erinnert, daß er mir nach stattgehabter Lehrzeit noch ein Zeugnis schuldete. Da hat er monatelang daran herumgekaut, denn man darf ja nicht allzu negativ über jemanden schreiben. Er hat mir schließlich doch noch eins geschrieben – handschriftlich und mit dem Schlußsatz: »Er wird werden, was er ist.« Was ja auch mehr oder weniger genau so gekommen ist. Damals war ich ein bißchen sauer, weil ich dachte, daß ich das Zeugnis nirgends zeigen könnte, wenn ich mir wirklich einen Job suchen müßte.

Aber du bist ja als Verlagsleiter des Rowohlt Verlags herangezüchtet worden.

Deshalb ging ich ein dreiviertel Jahr in den Rowohlt Verlag zum Hospitieren oder Volontieren. Da wurde mir ziemlich klar, daß ich mit dem Rowohlt Verlag nichts zu tun haben wollte. Das war ja keine wolkige Abneigung, die ich gegen den Verlag empfunden habe, sondern ich konnte den Rowohlt Verlag nicht leiden, weil ich ihn kannte. Allein schon, daß die Frauen im Rowohlt Verlag keine Hosen tragen durften. Das sind zwar Äußerlichkeiten, aber doch sehr bezeichnende. Der Verlag war wilhelminisch strukturiert.

Bist du eigentlich zur Bundeswehr eingezogen worden?

Dir als Berliner blieb das ja automatisch erspart, aber mir nicht. Es gab mal eine *Titanic*-Fete auf der Frankfurter Buchmesse, und in der Einladung stand, daß man nur Einlaß findet, wenn man einen gültigen Wehrpaß mitbringt. Ich war der einzige, der einen gültigen Wehrpaß dabei hatte, in dem Ersatzreserve II steht, auf deutsch heißt das so viel wie Krüppel. So erniedrigt bin ich noch nie worden. Erstmal Reserve, und dann auch noch Ersatzreserve, und dann, als hätte das noch nicht genügt, Ersatzreserve II. Im Klartext bedeutet das: Kann im Verteidigungsfall als Abdeckungsmaterial verwendet werden. Das hatte ich mir aber auch redlich verdient. In der U-Bahn, auf der Fahrt zur Musterung, hab ich fünf Roth-Händle wegen des Rauchverbots in der U-Bahn nicht geraucht, sondern gefressen, und fünf Stück von den kleinen Aluminiumdingern mit Nescafé drin, nur mit Spucke angerührt. Ich trank sonst nie Kaffee. Dann wurde von mir verlangt, daß ich zwanzig Liegestütze machen sollte. Ich habe vorher ausgeatmet, die Luft angehalten und zwanzig Liegestütze gemacht, dadurch brachte ich natürlich ganz schön was auf dem Blutdruckanzeiger zustande. Die waren froh, als sie mich lebend wieder losgeworden sind. Aber den eigentlichen Ausschlag hat die optische Prüfung gegeben. Da zeigte der Mann auf die erste Zeile. Ich wußte damals noch nicht, daß ich eigentlich eine Brille brauchte. Also plierte ich auf diese Tafel und sagte fragend: »Vier?« Da sagte er: »Auf dieser Tafel stehen nur Buchstaben.« Der Einstand war schon mal nicht schlecht. Es handelte sich natürlich um ein großes A, das man aber auch, mit etwas gutem Willen, für eine Vier hätte halten können. Auf diese Weise kam ich zur Ersatzreserve II. Wäre ich genommen worden, hätte ich noch ein halbes Jahr drangehängt und wäre zur Marine gegangen. Natürlich hätte ich immer alles nach »drüben« verraten, zum Beispiel, daß links backbord heißt, rechts steuerbord, und auch alles andere, was die Bundesmarine so an Geheimnissen hatte. Meinem Mitschüler, Egbert Finsterwalder, der genauso blöd ist, wie er heißt, wobei man ja keine Namenswitze machen soll, habe ich das mit der Marine erzählt. Da hat er mich angefaßt und mitleidig gesagt: »Aber Harry, die Marine ist eine Eliteeinheit.« Der ist jetzt seltsamerweise Frauenarzt geworden, dabei ist er häßlich wie die Nacht. Denn die Entscheidung, Frauenarzt oder Pastor zu werden, fällt ja meist vor dem Spiegel. Das hat mir auch mal Joachim Gauck bestätigt, als ich den mal kennenlernen durfte. Er ist nur Pastor geworden, weil er so rattenscharf aussah. Mit vierzig ist er in eine tiefe Krise gestürzt, weil er zum erstenmal Großvater wurde.

Die Stasi war ein ziemlich dummer Haufen, glaube ich. Ich hatte vier Jahre Einreiseverbot in der DDR. Ich nehme an, daß sie mich mit meinem Namensvetter verwechselt haben. Er ist Großmeister der größten Freimaurerloge Deutschlands, sie heißt »Die drei goldenen Kugeln«, oder so ähnlich. Als ich dann meine Stasi-Akte bekam, stellte sich heraus, daß sie mich für einen Kurier von Robert Havemann gehalten hatten. Ich bin Havemann aber nie begegnet.

Ein finsteres Kapitel. Genauso lange wie ich studiert habe, zweieinhalb Stunden, war ich auch IM, ein informeller Mitarbeiter der Stasi. Wir hatten unsere Freundin Martha Engel, genannt die letzte Kommunistin, in Ostberlin besucht. Sie wollte mich mit zwei Freunden zusammenbringen. Wir fuhren aus Berlin hinaus, was man als Westdeutscher ohne eine Sonderaufenthaltsgenehmigung eigentlich gar nicht durfte. Die Freunde hießen wie immer Horst und Manfred. Horst oder Manfred zeigte irgendeinen Ausweis, und da hat uns das Grenzsicherungsorgan salutierend durchgelassen. Wir machten einen Waldspaziergang, weil Wälder abhörsicher sind, wie mir inzwischen klar ist. Damals kapierte ich überhaupt nicht, was die von mir wollten. Und als ich es endlich geschnallt hatte, war ich Feuer und Flamme. Ich sagte: »Ja, sehr gern sogar, wann soll ich anfangen und was soll ich ausspionieren?« Da haben sie gemerkt, daß ich zu dämlich für einen IM war. Jetzt würde ich gerne meine Stasi-Akte einsehen, um herauszufinden, ob ich da als IM Dödel geführt bin.

3. Tag

Amerika

RALF SOTSCHECK: *Wie alt warst du, als dein Vater gestorben ist?*

HARRY ROWOHLT: Ich war fünfzehn. Zum ersten Todestag meines Vaters, der Ehrendoktor der Karl-Marx-Universität in Leipzig war (mit Hans Mayer als »Doktorvater«), bin ich mit Ernst von Salomon und meiner Mutter nach Leipzig gefahren, wo eine Feierstunde in der Universität stattfand. Der ganze Saal voller Blauhemden und eine, fast hätte ich gesagt BDMlerin, aber ich meine natürlich eine FDJlerin hat wunderschön deklamiert, so ähnlich wie das »Schatzkästlein« im Deutschlandsender, wo Nachrichtensprecher im Verlautbarungston Gedichte verlesen haben, also ohne ekelhafte Betonung. Das fand ich sehr gut. Ernst von Salomon hat einen Nachruf auf seinen Freund und Verleger Ernst Rowohlt gehalten und dabei geheult wie ein Schloßhund. Seine Magnifizenz Georg Mayer, der Rektor der Universität, hat mir erklärt, woher seine völlig verhauene Fresse kommt. Er war in einer der wenigen Burschenschaften, die auch jüdische Mitglieder hatten, und dadurch waren sie für alle anderen schlagenden Verbindungen ein gefundenes Fressen. An denen wurde geübt. Als ich sehr viel später meine erste Lesung in Leipzig hatte, sagte ich während der Anschleimphase, daß ich 1962 schon mal in Leipzig war: »Das war eine schöne Zeit. Hans Mayer war noch da, Fritz Raddatz war schon weg.« Da erhob sich ein großer Jubel. Ich habe später versucht, das dem Raddatz zu erzählen. Dreimal habe ich es probiert. Die beiden ersten Male war er zu besoffen, um es zu kapieren, und beim dritten Mal konnte er nicht weg, denn wir saßen zusammen in einem Auto. Da hat er mich einen »billigen Stricher« genannt. Daraufhin hab ich ihn auf den Kopf gehauen, und Raddatz sagte: »Ja, körperliche Gewalt, das ist alles, was Ihnen einfällt.« Stimmte ja auch. Dumm war nur, daß zwischen uns Inge Feltrinelli saß, die das Beste abbekommen hat.

Du warst doch auch mal bei Konkret*?*

1973 war ich drei Monate lang Kulturredakteur bei *Konkret*. Damals war ich siebenundzwanzig Jahre alt, und deshalb kann ich sagen, daß ich meine Midlife Crisis bereits mit siebenundzwanzig hatte. Ich war völlig überarbeitet und mußte mir abends immer noch eine Bleibe suchen. Ich hatte ursprünglich gedacht, ich könnte in Hamburg-Volksdorf im Riesenhaus meiner Mutter wohnen. Das ging auch eine Woche lang gut, bis meine Mutter dazukam. Da wurde das Riesenhaus sofort unbewohnbar. Ich hätte natürlich gleich in eine Pension gehen können, dann wäre die Frage der Übernachtung nicht jeden Tag neu aufgetaucht. Und dann mußte ich noch nebenbei »The Wind In The Willows« von Kenneth Grahame übersetzen, wozu ich nicht so richtig gekommen bin. Ich war einfach überfordert und bin einmal in meinem Leben so ausgeflippt, wie mein Brüderchen zweimal täglich, nur daß der sich das erlauben durfte. Quod licet Iovi non licet bovi. Ich hatte auch noch zu allem Überfluß einen Kreislaufkollaps. Meine Mutter hat mich ihrem homöopathischen Kurpfuscher empfohlen, denn wenn sie von etwas Ahnung hat, dachte ich, dann sind das Ärzte. Der veranstaltete mit mir eine Eigenblutbehandlung. Ich war sowieso schon ziemlich schlank, um nicht zu sagen dünn. Der hat mich auf eine tägliche Diät von einer altbackenen, in Streifen geschnittenen Roggensemmel und Sauerkrautsaft in der Verdünnung 1:1 gesetzt, und dann noch die Eigenblutbehandlung.

Deshalb hast du heute noch Armgelenke wie ein Fixer.

In der Tat. Viel später, nämlich ziemlich genau vor sechzehn Jahren, habe ich mich mal neurologisch verkabeln, also, ein Elektroenzephalogramm anfertigen lassen, und dabei stellten sich zwei sehr interessante Sachen heraus. Einmal, daß ich das absolute Gehör habe. Ich habe Ohren wie ein Hund. Deshalb ist mir alles immer zu laut, und deshalb wirke ich manchmal, als wäre ich schwerhörig, weil ich Sachen höre, die ganz weit weg sind und deshalb auf Geräusche in der Nähe nicht achten kann. Das ist blöd, wenn man mit vierzig erfährt, daß man das absolute Gehör hat.

Was hätte aus dir für ein wunderbarer Klavierstimmer werden können, wenn du es mit vier erfahren hättest.

Zum Beispiel. Weil das Hirn offenbar so ähnlich abzulesen ist wie die Jahresringe eines Baumes, entdeckten sie, daß ich im Winter 1973 eine Entzündung der Gehirnflüssigkeit hatte. Das war also rein organisch bedingt, nur somatisch, nicht psychosomatisch. Ich hatte also keinen echten Knall, als ich damals ausgeflippt bin. Wenn ich seither mal wieder drohe auszuflippen, kenne ich die Symptome und laß es einfach, weil ich mir denke, Midlife Crisis hatte ich schon mal im Leben, und das wirkt doch eher affig. Hiermit möchte ich mich noch mal bei allen entschuldigen, die ich damals im Winter 1973 angeschnauzt habe. Das war meine Zeit als Kulturredakteur bei *Konkret*. Lothar Menne war auch Kulturredakteur bei *Konkret,* und Neuhauser und Gremliza putschten gerade gegen Röhl, und als Kulturredakteur gehörte man zur Röhl-Truppe, was man sich heute gar nicht mehr vorstellen kann – heute, da Röhl mindestens Halbnazi geworden ist.

War er das damals nicht auch schon?

Im Gegenteil, Röhl war sehr charmant, wenn er besoffen war. Dann saß er nachts in seinem Büro und versuchte, seine Redakteure anzurufen, die aber alle entweder schon weg waren oder gegen ihn konspirierten. Er machte dann einen auf senilen Admiral, der die sechste Flotte noch dringend am Skagerrag einsetzen will, und sein Adjutant sagt: »Exzellenz, wir haben aber nur fünf Flotten.« »Ähem, dann nehmen wir eben die siebte Flotte.« Röhl hatte irgendwann Geburtstag, und die Fotografin Karin Rocholl huschte durch alle Büros und sagte: »Klaus Röhl hat Geburtstag. Ich kenne eine Bäckerei, die Torten mit Aufschrift macht, es muß aber ganz schnell gehen. Wenn jemandem eine Aufschrift für die Torte einfällt, soll er sie sofort sagen, sonst ist es zu spät.« Da habe ich gesagt: »Die siebte Flotte dankt ihrem Gotte.« Karin Rocholl sagte: »Das versteh ich nicht, aber es ist bestimmt gut.« Und Röhl hat richtig geflennt, als er die Torte sah.

Eine Torte, die ausschließlich ihr Herrchen anspricht.

Ja. Niemand sonst hat diese Torte verstanden. Überhaupt hat Röhl *Konkret* sehr schön geleitet. Er kam morgens rein, na ja, morgens ist ein bißchen viel gesagt, eher so kurz vor Mittag, ging in alle Büros und fragte, ob er irgendwie behilflich sein könnte. Sein Bruder Wolfgang Röhl sagte: »Ich finde keinen Einstieg zu meinem Thailand-Artikel.« Und Röhl sagte: »Das kann doch so schwer nicht sein. Warte mal, äh... ›Immer mehr Menschen fahren nach Thailand.‹ So Harry, und was kann ich für dich tun?« Sehr viel später saß ich mal mit Wolfgang Röhl und Ulla während der Frankfurter Buchmesse in einer Kneipe, und Wolfgang Röhl baggerte Ulla den ganzen Abend an und sagte: »Gib mir doch mal einen Feuchten, gib mir doch mal einen Feuchten.« Ich bin dann pinkeln gegangen und habe einen Pinkelstein aus dem Pißbecken mitgebracht, der schon lange in Gebrauch gewesen war, mit richtig rundgefrästen Kanten, habe ihm den auf den Tisch gelegt und gesagt: »So, hier haste einen Feuchten.« Niemand kann mein Entzücken beschreiben, als Wolfgang Röhl, ohne hinzugucken, danke sagte und ihn sich in den Mund steckte. Es dauerte köstliche Sekunden, bis er merkte, was er da im Mund hatte. Daraufhin hat er ihn allerdings, das muß ich der Vollständigkeit halber hinzufügen, auch wieder ausgespuckt. Dann wurde der Abend ein bißchen eintönig, weil Wolfgang Röhl nur noch sagte: »Dafür wirst du dermaßen zahlen, wirst du dafür.« Aber er mußte dann auch, in meiner Abwesenheit, anerkennen, daß es dabei durchaus mit rechten Dingen zugegangen war. Ich hatte ihn ja nicht zwangsernährt, sondern er hat sich freiwillig den Pinkelstein ins Maul gesteckt.

Hat er sich denn irgendwann gerächt?

Seitdem schreibt er im *Stern* immer Sachen gegen mich. In einer Artikelreihe über Sucht und Alkoholismus hat er einen Typ beschrieben, den er Freddy der Erbe nannte. Da schilderte er täuschend ähnlich meine Stammkneipe »Die Glocke« und Freddy den Erben. »Er schreibt skurrile kleine Geschichten«, hieß es da über mich, womit er natürlich meine Kolumne in der *Zeit* meinte, auf die er sehr neidisch war. »Aber seine Frau hält zu ihm«, mit genau diesem »aber«. Da hab ich ihm einen ziemlich schönen Leserbrief geschrieben, weil Wolfgang Röhl nämlich nach zweieinhalb Bieren bereits besoffen ist und er es gerade nötig hat, über Sucht und Alkoholismus zu schreiben, mit seinem roten Kopp und seinem Bierarsch. Dieser Leserbrief wurde natürlich nicht veröffentlicht. Statt dessen bekam ich von irgendeiner Untersekretärin eine Auflistung, an welche karitativen Einrichtungen ich mich wenden könnte, um von meinem Alkoholismus kuriert zu werden. Das fand ich auch sehr korrekt delegiert. Man muß eben auch delegieren können. Ich hab ihm dann geschrieben, daß ich nicht gewußt hätte, welche Halbwertszeit so ein Pinkelstein hat. Ich dachte, der wäre längst abgebaut.

Einem Freund von mir haben Kollegen mal eine Limonadenflasche voller Urin untergejubelt, weil er ihnen immer die Brause weggesoffen hat. Er hat sich auf weniger subtile Art gerächt und die Kollegen einfach vermöbelt.

Auch ziemlich eklig. Bei »vermöbelt« fällt mir ein: In dieser Zeit wäre ich beinahe mal von einem Zuhälter, der aus einer Toreinfahrt mit seinem roten Lamborghini rausgeprescht kam, überfahren worden, und weil mir da sowieso schon alles wurscht war, habe ich in der Hoffnung, daß die Tür von innen verriegelt sei, was sie aber nicht war, seinen Wagenschlag aufgerissen und gesagt: »Komm raus, du Schwein!« Das machte der auch nur allzu bereitwillig. Er war ganz klein, aber durchtrainiert, sprang in die Luft und haute mir richtig gezielt in die Fresse. Ich erwachte aus diesem technischen K.O. im schmutzigen Schnee, der von meinem Blut gerötet war, ein richtiger Blutfaden, den man sonst nur aus dem Film kennt. Und meine Zähne wackelten. Ich hatte großen Kohldampf und wollte ein Süppchen essen. In einer Kneipe sagte ich dann: »Ich hätte gerne was zu essen.« Da sagte der Wirt, er hätte Würstchen und Suppe. Ich antwortete: »Würstchen sind mir zu hart. Ich hätte lieber Suppe.« Da bekam ich schon wieder eins in die Fresse. Das riß überhaupt nicht ab. Ich hab das mal meinem Freund Tschik erzählt, und der sagte: »Ne Stimmung wie bei Charms.« Denn bei Daniil Charms bekommen die handelnden Personen auch immer eins in die Fresse. Das war ein Zitat aus der Hörspielfassung von »Biedermann und die Brandstifter« von Max Frisch. Da sagt die Tochter, die Literaturwissenschaft studiert: »Ne Stimmung wie bei Stifter.« Also mir ist eine Stimmung wie bei Stifter lieber als eine Stimmung wie bei Charms.

Warst du damals schon mit Ulla verheiratet?

Noch nicht so ganz. Wir haben dann aber geheiratet. Sie hat mir damals den Heiratsantrag gemacht. Ich lag morgens schwer verkatert in der Badewanne und sie setzte sich auf den Badewannenrand und sagte: »Willst du, daß ich mit nach Amerika komme?« Und ich sagte: »Ja klar.« Da sagte sie: »Ich kriege aber nur ein Visum, wenn wir verheiratet sind.« Darauf ich: »Ich habe schon verstanden, was du damit sagen willst. Laß mich bloß zufrieden.« Das war mein Ja-Wort. Ich kann dir nur raten, laß dich, wenn du heiratest, nie impfen. Meine Mutter war Impfgegnerin, mein Vater wußte überhaupt nicht, was das ist und worum es da im einzelnen geht. Deshalb war ich nie gegen irgendwas geimpft worden. Aber damals mußte man sich gegen Pocken impfen lassen, wenn man nach Amerika wollte. Also bin ich ins Tropeninstitut gegangen, und der Arzt fragte: »Linkshänder oder Rechtshänder?« Und ich habe – was ich nicht hätte machen sollen – wahrheitsgemäß Rechtshänder geantwortet, woraufhin er mir in den linken Oberarm die Spritze jagte. Der linke Oberarm schwoll an, und ich bekam ganz hohes Fieber. Bei einem Quecksilber-Fieberthermometer, das zwar nach oben offen ist, geht die Skala aber nur bis 42, weil danach sowieso Sense ist. Und das hatte ich. Der linke Arm fing an zu stinken und faulte offenbar allmählich ab. Wir hatten eine Nottrauung. Unsere ganzen Freunde von nah und fern waren gekommen, und ich lag auf dem Matratzenlager und delirierte. Sie saßen alle auf dem Fußboden unter roten Fahnen.

Wie fand der arme Standesbeamte denn die Szene?

Er versuchte, das so schnell wie möglich abzuwickeln. Schon im Hinausgehen sagte er: »Möge ihr Glück so lange währen wie der Glanz des Goldes ihrer Ringe.« Da guckten wir uns an, denn wir hatten zwar irgendwann mal Ringe gehabt, aber die waren längst verspielt oder versoffen. Der arme Mann war froh, daß er wieder weg durfte. Dann sind alle nach Volksdorf auf die Hochzeitsfete gefahren, nur ich nicht, weil ich zu hohes Fieber hatte. »Waldhaus zum Hirsch« bei Bruno. Bruno war der Wirt. Er war Halbjude und Nazi mit der Begründung, wenn er ganz Jude wäre, dann wäre er auch kein Nazi. Aber da er nur Halbjude ist, kann er sich das leisten. Irgendwann sank dann mein Fieber, und als ich nur noch 40 Grad hatte, fuhr ich doch mal hin, um zu sehen, wie es mit meiner Hochzeit voranging. Irgendjemand hatte einen zusätzlichen Kellner eingestellt, der mich nicht reinlassen wollte – mit der Begründung, hier gebe es schon genug schräge Typen. Da habe ich jemanden herausgebeten, der mich als Bräutigam identifizierte.

Und warum hast du bereut, daß du wahrheitsgemäß geantwortet hast, du seist Rechtshänder?

Weil alle einem auf den angeschwollenen, schrecklich schmerzenden linken Arm hauen, auf die Schulter, weil sie ja alle Rechtshänder sind. »Na Alter, hat's dich auch erwischt.« Auuu! Man sieht die Jungens auf sich zukommen und sagt gleich: »Faß mir nicht an den Arm.« »Wieso denn nicht, was ist denn?« Und fassen einen an den linken Arm. Es ist die Hölle. Ich habe in der ganzen Nacht ein Bier getrunken zum Anstoßen. Meine Mutter stürzte sich immer auf alle möglichen Gäste, von denen sie annahm, sie hätten Einfluß auf mich, und sagte: »Sie haben doch Einfluß auf Harry. Er muß das rückgängig machen.« Peter Homann, der, glaube ich, ein bißchen im RAF-Sympathisantenumfeld war, wurde von meiner Mutter sogar bis auf's Männerklo verfolgt. Sie sagte zu ihm, obwohl ich Homann kaum kannte: »Sie haben doch Einfluß auf Harry. Er muß das rückgängig machen.« Da hat er sie im Männerklo eingeschlossen, und damit war erstmal eine zeitlang Ruhe. Aber irgendein Blödmann hat sie wieder rausgelassen, weil er nicht wußte, wen er vor sich hatte.

Es war offenbar eine sehr gemischte Gesellschaft bei deiner Hochzeitsfeier.

Ja, und dann kamen noch zwei Kommunen. Das Anarcho-Kollektiv und die Ablaßgesellschaft, und die wollten den Laden stürmen, weil sie dachten, das ist Rowohlt, diese reaktionäre, reiche Sau. Die wunderten sich natürlich über das »Waldhaus zum Hirsch«, weil das überhaupt nicht repräsentativ war. Aber da sie nun schon mal da waren, haben sie ihre roten und rot-schwarzen Fahnen aufgehängt. Dadurch war der Raum auch ein bißchen dekoriert. Einer von denen, Bernd Westphal von der Ablaßgesellschaft, der auch Lehrling bei Rowohlt gewesen war, hatte versucht, denen zu sagen, daß sie bei mir an der falschen Adresse seien. Das hat aber nichts genützt. Der war Lehrling bei Rowohlt, als ich Volontär war. Daher kannten wir uns. Herr Osolnik, Herr Westphal und ich sind abends immer mit der S-Bahn in die Stadt gefahren und in Bergedorf umgestiegen. Wir standen am Kiosk, und Herr Westphahl hat gekifft. Herr Osolnik hat gekifft und gesoffen, und ich habe nur gesoffen. Herr Osolnik stand immer in der Mitte und hat nach links und rechts gedolmetscht, weil der bekiffte Westphal und der besoffene Rowohlt einander kaum verstanden. Wir hatten auch völlig divergente Interessen.

Auf diese Weise war es ja dann doch eine sehr schöne Hochzeit, nicht?

Aber ja! Mein Brüderchen und seine Frau Jane wurden von Herrn Steen, dem Chauffeur, gebracht, und Jane verknallte sich auf der Stelle in jemanden von der Ablaßgesellschaft namens Zick-Zack und war überhaupt nicht mehr wegzuprügeln. Ulrich Mack, der Fotograf, der die häßlichen Fotos für die rororo-Krimiumschläge gemacht hat, dokumentierte das alles getreulich. Selbst heute noch und in schwarz-weiß sieht das sehr farbenprächtig aus. So sahen damals ganz wenige Menschen aus. Heute läuft alles gepierct und mit lila Haaren herum, und kein Schwein guckt hin. Gepierct war damals niemand, und lila Haare hatte auch niemand, aber die Menschen bekreuzigten sich, wenn sie uns sahen, und dann so viele auf einmal. Dann kamen auch ganz normale Menschen, so daß diese Feier richtig gut gemischt war. Insofern kann ich die Hochzeit rückblickend nur empfehlen, wenn man sich vorher nicht impfen läßt. Das ist immer ein Fehler.

Nun wart ihr also verheiratet. Und dann?

Ich wußte inzwischen schon heimlich, daß ich nie in den Rowohlt Verlag eintreten wollte. Deshalb fand ich ein bißchen Amerika nicht übel. Aber vor Amerika sind wir nach Paris gegangen, zu Edmond Lutrand, und haben einen Monat lang eine Immersion totale in der École Berlitz gemacht. Richtig intensiv französisch zu lernen hatte bei Ulla einen Sinn, weil sie kein Französisch konnte, bei mir aber nicht, weil ich drei Jahre lang Französisch in der Schule gehabt hatte. Die Lehrerinnen an der École waren leidlich gebildete Hausfrauen, die sich ein kleines Zubrot verdienten. Eine von denen glaubte, Bären gehörten zu den Feliden, den Katzentieren. Da kam man dann ganz schön in Übung, wenn man Leuten auf Französisch klar machen muß, daß das nicht der Fall ist.

Kurz bevor man nach Amerika fährt, ist das natürlich günstig, für ein Heidengeld ordentlich Französisch gelernt zu haben.

Na ja, das hat der Rowohlt Verlag bezahlt. Ich habe mir mein Zeugnis von der École Berlitz zeigen lassen. Da stand drin, Madame Rowohlt ist sehr begabt, aber Monsieur Rowohlt ist ein absolutes Wunder, so was hätten sie noch nie erlebt. Das hätte ich ihnen gleich sagen können, wenn jemand in der Schule Französisch gelernt hat. Dann sind wir mit recht fließendem Französisch nach New York gefahren, und der Rowohlt Verlag hat uns als Hochzeitsgeschenk die Schiffspassage auf der »Bremen« gezahlt. Es war die Hölle. Man kann von so einem Schiff nicht runter. Wenn einem sonst irgendwo die Gesellschaft nicht behagt, haut man einfach wieder ab. Hier ging das nicht. Es war entsetzlich. Lauter Deutsche und Deutsch-Amerikaner und erstaunlich viele Nazis. Sonntags waren Zeichentrickfilme angesagt, da konnte man aber nicht hin, weil die Andacht länger dauerte. Die hatten sich da festgebetet, und danach gab es dann keinen Donald Duck mehr. Die Schiffspassage hätte den Vorteil haben können, mehr Gepäck mitzunehmen, aber wir besaßen ja nichts. Und das, was wir hatten, hätte man auch im Flugzeug unterbringen können.

Eine Schiffspassage nach Amerika stelle ich mir grauenhaft vor. Mir reicht schon die kurze Überfahrt nach Großbritannien. Auf der Irischen See verkehrt kein Schiff, das ich noch nicht vollgekotzt habe, bis nach Amerika wäre ich gestorben. Was hast du in den USA dann gemacht? Urlaub?

Nein, ich habe bei Grove Press als Industrial Trainee angefangen, d.h. als Praktikant. Und da begann, was ich damals bereits bemerkt habe, die schönste Zeit meines bisherigen, also dasigen Lebens, weil kein Schwein in ganz New York jemals den Namen Rowohlt gehört hatte und mich fragte, ob ich etwas mit dem Rowohlt Verlag zu tun hätte. Ich war also vom Nachnamen her völlig unbelastet und brauchte bloß schnell, klug und tüchtig zu sein. Was mir einigermaßen leicht gefallen ist, weil ich ja nun auch schon eine Verlagslehre hinter mich gebracht hatte, so daß das alles für mich nicht übermäßig neu war.

In einem dieser Promi-Fragebögen wurde dir mal die Frage gestellt, worauf du am stolzesten bist in deinem Leben? Du hast geantwortet: »Wie ich mal am Telefon für einen Neger gehalten wurde.« War das in den USA?

Das lag an folgender Geschichte: Ich habe Satzanweisungen an den Schichtführer der Setzerei, die sich irgendwo auf dem Acker in einer Company Town befand, mit einem nachgemachten britischen Englisch durchgegeben, wie ich das in der Schule gelernt hatte, bis ich merkte, daß der Schichtführer, ein – wie man heute sagt – afrikanischer Amerikaner war, der ziemlich kühl auf mein nachgemachtes britisches Englisch reagierte, so daß ich unmerklich auf afro-amerikanisch umschaltete. Danach war das ganz prima. Ich habe ihm die Satzanweisungen durchgegeben, wir haben uns beide mit »Right on« gemeldet und mit »Right on« verabschiedet. Später bin ich mal mit dem Leiter der Werbeabteilung, Bernie Rabb, einem ziemlichen Arschloch mit britischen Akzent, und seiner Sekretärin Joana Krotz aufs Land gefahren, um der Setzerei einen Besuch abzustatten. Der Schichtführer kam uns freudig erregt entgegen und fragte: »Wo ist Harry?« Da habe ich gesagt: »Das bin ich.« Und er sagte ungeheuer enttäuscht: »Ein lilienweißer Hippie. Und ich dachte, du bist ein brother.« Das erste nette Wort auf amerikanischen Boden, das ich je gehört habe, war übrigens: »Let the hippie kid finish his drink in peace, at least he is a white man.«

Na ja, so richtig nett ist das ja auch nicht: »Finish his drink in peace« – dann aber raus.

Das war eine wunderbare Zeit bei Grove, das war »Saturday Night Live«. Unglaublich kluge, lustige Mitarbeiter, und ich habe mich dann irgendwann im Art Department festgesetzt, weil es da am schönsten war. Der bedeutende Dichter Gil Sorrentino kam uns immer besuchen, weil wir im Art Department die schönsten und die klügsten Mädchen hatten. Als es allerdings mal wieder darum ging, sich gewerkschaftlich zu organisieren, war Gil Sorrentino unser Feind. Alle Grove-Autoren waren eigentlich dagegen, daß wir uns gewerkschaftlich organisierten, weil – wie Urs Widmer das völlig richtig erkannt hat – Autoren kein Redaktionsstatut wollen, sondern daß der Verleger mit ihnen essen geht. Das einzig Gute, das man über Gil Sorrentino sagen kann, ist, daß Flann O'Brien sein Lieblingsautor ist, weshalb er einen riesigen langweiligen Ziegel in der – wie er glaubt – Flann-O'Brien-Nachfolge geschrieben hat. Wenn er das wirklich wäre, könnte man den Ziegel lesen.

Aber es ehrt jemanden, wenn er die richtigen Lieblingsautoren hat.

Das alleine genügt nicht. Da er Dichter ist, muß er zwanghaft schreiben, anstatt für sich zu behalten, daß er Flann O'Brien Klasse findet. Mein damaliger bester Freund Mike Perpich saß in dem Großraumbüro mir direkt gegenüber, und wenn ich etwas an Amerika nicht verstand oder haßte, hat er mir erklärt, warum das so war. Danach habe ich das zwar immer noch nicht toll gefunden, aber ich wußte nun, weshalb es so war. Mike Perpich war während der McCarthy-Ära Vorsitzender des amerikanischen Komsomol, der Jugendorganisation der amerikanischen KP, und Kind kroatischer Einwanderer. Perpich arbeitete ursprünglich in Pennsylvania als Bergmann und hat sich im Selbststudium das ganze graphische Zeug angeeignet. Er war mal Art Director von *Better Homes & Gardens*. Und weil er immer so gute Sprüche gemacht hat, bekam er eine eigene Kolumne mit dem Titel »Over the Fence«. Auf diese Weise kam *Better Homes & Gardens* etwa zwei Monate lang auf die schwarze Liste, weil er nicht anders konnte, als bolschewistische Propaganda zu machen.

Habt ihr euch denn dann gewerkschaftlich organisiert?

In der Gewerkschaft waren hauptsächlich Iren und Juden Mitglieder, also die einzigen Amerikaner, die überhaupt lesen. Die stellten plötzlich fest, daß die Verlage nicht gewerkschaftlich organisiert waren. Einer unserer Einpeitscher sagte: »Das Einzige, was die Angestellten im Verlagswesen zu verlieren haben, sind ihre Titel.« Weil wir doch alle so toll hießen. Ich war Assistant Designer. Unser Chef Barney Rosset wurde immer verfolgungswahnsinniger. Er ließ sich einen eigenen Aufzug bauen, um uns nicht mehr über den Weg zu laufen. Schließlich wurden Ausweise eingeführt, und es gab plötzlich Kontrollen und einen Liftführer. Das war ein wunderbarer Mensch, ein schwarzer Trunkenbold. Der hat sich von seinem ersten Wochenlohn neu eingekleidet, mit gebrauchten Klamotten, ungeheuer grell, zweifarbige Schuhe, und er war so besoffen und so angenehm wie vorher. Mein Freund Mike, ein fürchterlicher Kalauerer, beglückwünschte ihn an seinem ersten Tag zu seinem neuen Job mit der Einschränkung: »I do realize your job's got its ups and downs.« Peter, der Aufzugführer, hat dann ein Schild angebracht: »Your host today is Monsieur Pierre.« Wir haben ihn alle sehr geliebt, und deshalb wurde er gefeuert, weil er ja eigentlich zur Abschreckung eingestellt worden war, aber nicht nur niemanden abschreckte, sondern auch von allen geliebt wurde.

Sehr viel später habe ich mal Paul Auster kennengelernt, auf unserem Samstags-Stammtisch in Hamburg.

Den hatte Mike Naumann mitgebracht, und stellte uns vor. »Das ist Paul Auster, und das ist Harry Rowohlt.« Paul Auster horchte bei dem Namen Harry Rowohlt auf, und ich dachte, jetzt geht das wieder los: »Haben Sie was mit dem deutschen Verlag zu tun?« Aber nein – er sagte: »Aren't you with the FLM guy? I'm with the District Sixty-five Brooklyn soft ball team. Gimme five, man.« Das war sehr schön, auf diese Weise wiedererkannt zu werden. Da habe ich mir prompt ein Buch von Paul Auster gekauft. Schon auf der ersten Seite steht: »Er hatte seinen Vater seit dreißig Jahren nicht gesehen gehabt.« Da habe ich mich geweigert, weiterzulesen. Das kann man doch nicht machen. So eine Übersetzung ins Norddeutsche.

Ich habe gerade »Schlagschatten« von Paul Auster in der Rowohlt-Ausgabe im Jubiläumsformat – so groß wie eine Zigarettenschachtel – lesen wollen. Da kommt der Satz drin vor: »Doch die Gegenwart ist nicht weniger dunkel als die Vergangenheit, und sie ist ebenso geheimnisvoll wie alles, was die Zukunft bringen mag.« Da habe ich mich auch geweigert, weiterzulesen. Wie ging es weiter bei Grove Press?

Barney Rosset war furchtbar sauer und hat meinem Bruder ein Telegramm geschickt. Damals konnte man noch telegraphieren. Darin stand: »Dein Bruder benimmt sich hier grauenhaft.« Einer der beiden Verlagsboten hat mir eine Kopie davon gezeigt und gesagt: »Ich dachte, das interessiert dich vielleicht.« Der wurde daraufhin gefeuert wegen Geheimnis- und Hochverrats. Ich riet ihm, er solle behaupten, er hätte geglaubt, das Telegramm wäre für mich, weil da Rowohlt draufstand. Aber er war ein verbiesterter Hippie, der nicht lügen konnte.

Und du? Bist du auch gefeuert worden?

Ich gehörte zu den ersten sieben, die gefeuert wurden. Wir haben uns in Anlehnung an die Chicago Seven stolz »The Grove Seven« genannt. Wir dachten, wir wären die einzigen, die gefeuert werden, aber insgesamt wurden es etwa 120 von 140 Mitarbeitern.

Kein schlechter Schnitt.

Das ist wirklich konsequent ausgelebte Paranoia. Und in Amerika kannst du jeden ohne Angabe von Gründen feuern. Das einzige, weshalb du jemanden nicht feuern kannst, ist gewerkschaftliche Aktivität. Im Schlichtungsausschuß vor dem Arbeitsgericht mußten wir und der Gewerkschaftsanwalt nachweisen, daß wir wegen gewerkschaftlicher Aktivitäten gefeuert worden seien und nicht aus den Gründen, die uns vorgeworfen wurden. Mir wurde vorgeworfen, ich sei erst als CIA-, dann als FBI-Agent eingeschleust worden, um einen kleinen linken Verlag kaputt zu machen. Außerdem hätte ich während der Arbeitszeit in der Firma Marihuana geraucht, was auch nicht stimmte. Ich weiß nicht, warum das nicht stimmte.

Wahrscheinlich hast du damals schon Gauloises geraucht, worunter alle schon genug zu leiden hatten.

Ja, sie sagten immer: »Das stinkt hier wie in einem französischen Bus. Harry is smoking his galoshes.« Außerdem hatte man uns im Hochsommer die Lüftung abgedreht. Wenn man im Art Department mit dem Umbruch zu tun hatte und da immer draufschwitzte, war das nicht so schön. Da muß man eine Technik entwikkeln. Dagegen hätte Kiffen wunderbar geholfen, weil man dann nicht mehr so schwitzt. Aber ich habe das alles nicht gemacht. Besonders gut war die Kollegin Martha Friedberg, die in der Werbeabteilung arbeitete. Ihr wurde vorgeworfen, sie habe während der Arbeitszeit Yoga getrieben. Da sagte der Gewerkschaftsanwalt: »In diesem Fall ist die Beklagte auch gleichzeitig die Expertin. Martha, könntest du uns mal erklären, was Yoga ist.« Das hat sie gemacht und ich habe zum ersten Mal verständlich erfahren, was Yoga ist. Und am Schluß ihrer Ausführungen sagte sie schnippisch: »By the way, I'm doing yoga right now.« Da mußten wir alle wieder eingestellt werden. Wir hatten alle sieben gewonnen und wurden alle nach einer Woche wieder gefeuert. Diesmal for good. Wenn ich Fred Jordan heute wieder treffe, den damaligen Cheflektor von Grove Press, sagt er ganz stolz: »Sie haben immerhin nicht gemacht, was sie gekonnt hätten, nämlich dich deportieren zu lassen.« Das stimmte. Ich stand lediglich ohne Einkünfte auf der Straße.

Was hat Ulla eigentlich in der Zeit getan?

Damals hatten Ulla und ich uns so ein bißchen voneinander getrennt. Ulla hatte ihren Freund, und ich hatte meine Freundin. Und da ich nie einen nennenswerten Lebensstandard hatte, bin ich einfach in New York geblieben, bis das Visum abgelaufen war. Ich bin sehr ungern zurück nach Deutschland. Ich hab mir immer vorgestellt, ich könnte mich von Ulla scheiden lassen und Martha Friedberg heiraten. Auf diese Weise könnte ich amerikanischer Staatsbürger und dann berittener Polizist werden. Im Central Park kleine Neger-Mädchen mit sieben stacheligen Zöpfen retten, die plärren, weil sie ihre Mutter verloren haben. Dann laß ich sie mitreiten, und wir suchen zusammen im leichten Galopp, japadam, japadam, japadam, ihre Mutter, der ich ihre Tochter dann voller Stolz zurückgebe.

Als berittener Polizist hättest du dich rasieren und dir die Haare abschneiden müssen. Die Vorsehung hatte anderes mit dir vor.

Hör bloß auf mit Vorsehung. Meine Kollegin Betty Roll bei Grove, die in der Herstellung arbeitete, fragte mich mal nach meinem Tierkreiszeichen, und da hab ich sie angeblafft: »Es gibt schon genug natürliche und unnatürliche Schranken zwischen den Menschen. Natürliche wie Geschlecht und Hautfarbe und unnatürliche wie soziale Herkunft und Bildungsstand, und dann kommst du auch noch mit dieser völlig überflüssigen Unterteilung in verschiedene Tierkreiszeichen.« Da sagte sie schnippisch: »Sag doch gleich, daß du Widder bist.«

Wieso? Widder sind doch umgängliche Menschen. Bist du dann zurück nach Deutschland gegangen?

Zwei Tage, bevor mein Industrial Trainee-Visa auslief, habe ich meinen Freund Mike auf der Straße getroffen. Ich war traurig und muffig. Alles war zu Ende. Er sagte: »Besuch mich doch morgen abend, dann trinken wir noch was, bevor du wieder zurück mußt.« Ich bin am nächsten Abend hingegangen, immer noch völlig vermufft und leicht angetrunken, Mike machte auf, und – Überraschung! – da waren alle 120, die bei Grove Press gefeuert worden waren. Das machte wirklich ganz schön was her in der kleinen Wohnung. Da dachte ich, so entsetzlich schlecht, wie Barney Rosset meinem Bruder telegraphiert hat, kann ich mich doch gar nicht benommen haben, denn auf die paar, die nicht da waren, kam es nicht an.

In Irland ist man damals als Deutscher oft mit dem Hitler-Gruß empfangen worden, was fatalerweise nicht mal böse gemeint war, sondern Anerkennung ausdrückte, weil die Deutschen schließlich gegen England gekämpft haben. In den USA war das sicher anders, oder?

Ich habe in New York so darunter gelitten, daß die ganzen linksliberalen Juden mich immer als Nazi bezeichnet haben. Ich fand das irgendwie nicht gut. Kraut oder Fritz, okay, aber Nazi – nö! Damals besuchte ich mit Martha Friedberg ihren Vater, den sie immer bekochte. Er hatte das Leben satt und lebte hinter zugezogenen Jalousien, immer auf der Flucht vor seiner Nachbarin, die ihn als einigermaßen gut situierten Witwer heiraten wollte. Er war früher Gewerkschaftsanwalt und hatte im Spanischen Bürgerkrieg in der Lincoln-Brigade gekämpft. Deshalb war ich voller Hochachtung für ihn, bevor ich ihn gesehen hatte. Ich fürchtete nur, daß es wieder losgehen würde, denn der hatte ja wirklich allen Grund, mich aufgrund meiner Herkunft zu beschimpfen. Er sagte mit betont New Yorker Akzent: »You're from Hamboig?« »Yes, Sir.« »Die tapfersten Kämpfer in Spanien waren die Jungs von der Thälmann-Brigade. Und innerhalb der Thälmann-Brigade waren die Hamburger wiederum die härtesten Säufer. Ich bin froh, daß sich meine Tochter zur Zeit in guten Händen befindet.« Und der lebte da hinter zugezogenen Markisen und soff sich zu Tode. Meine Freundin Martha hat ihm sieben Gerichte gekocht und sie ihm einmal in der Woche hingebracht, damit er nicht verhungert. Saul Friedberg. Guter Mann. Den hätte ich jederzeit mit Kußhand als Schwiegervater genommen.

Der Ruhm der Thälmann-Brigade ist ja offenbar bis nach Kuba vorgedrungen, wie du mal erzählt hast.

In Kuba war ich schon im Dezember 1819 ... naja, bei alten Leuten verwischen sich die Jahrhunderte schon mal ein bißchen, 1985. Da habe ich Fidel Castro die Hand gedrückt. Im Palacio de la Revolución. Ein Mensch stand neben ihm und zischte jedem zu: »Nombre y país.« Und ich habe gesagt: »Harry Rowohlt, del semanal liberal *Die Zeit* en Ambvurgo, Alemania Federal.« Er blickte ein bißchen kläglich, als er »liberal« hörte, weil es in Lateinamerika keine liberale politische Tradition gibt, weshalb liberal in dieser Gegend nicht freiheitlich oder freigeistig bedeutet, sondern freizügig. Er dachte also, *Die Zeit* wäre ein Wichsblatt. Aber bei dem Wort Ambvurgo hellte sich seine Miene auf, und er sagte absolut akzentfrei auf deutsch, mit einem deutlich aspirierten H: »Ah, Hamburg.« Das könnte für einen Hispanoiden daran liegen, daß die Thälmann-Brigade nach wie vor einen Ruf wie Donnerhall hat, und besonders die Hamburger, denn Thälmann war ja Hamburger. Teddy Thälmann, der in seiner Partei übrigens auch viel Schwierigkeiten hatte, weil er als Trunkenbold und Womanizer verschrien war. Das sind zwei Vorwürfe, die man dem Reichskanzler und Führer Adolf Hitler nie gemacht hat.

Nein, der war genauso wenig wie du ein Trunkenbold und Womanizer.

Aber manchmal braucht man etwas zum Anstoßen im Haus, oder? Falls Leute kommen. Und davon abgesehen, ist man ja auch gern ein bißchen nett.

Man muß immer etwas vorrätig haben, falls der Notfall eintritt.

Obwohl, bei Hitler weiß man es nicht so richtig. Auf dem Obersalzberg soll seine Sekretärin ja sehr nett gewesen sein. Ihm soll mal die Eichel abgebissen worden sein. Von einer Ziege.

Wo hast du das denn her?

Das sagen alle Frauen, die mit ihm zu tun hatten. Das sind aber nicht so viele. Seine Nichte Geli Raubal und Eva Braun.

Von einer Ziege? Ich dachte, es seien meist Schafe. Wie in einer Geschichte von Sean McGuffin aus einer Zeit, als die Männer noch Männer waren und die Schafe noch Angst hatten. Er schreibt, daß ein Schaf das Öffnen eines Reißverschlusses auf hundert Meter Entfernung hört.

Hitler ging aufs Ganze, er wollte sich gleich einen blasen lassen. Von einer Ziege. Anstatt sich erstmal... Ich weiß es nicht. Aber man sagt es.

4. Tag

Übersetzungen

RALF SOTSCHECK: *Reden wir heute nicht mehr von Ziegen und Schafen. Was habt ihr nach den USA gemacht?*

HARRY ROWOHLT: Wir mußten zurück nach Deutschland, aber ich hatte wegen der großen Nähe zum Rowohlt Verlag keine Lust auf Hamburg. Wir haben uns erstmal in Frankfurt niedergelassen, wo wir uns besser auskannten. Dort habe ich angefangen zu übersetzen. Das erste Buch, das ich übersetzt habe, war »Die grüne Wolke« von Alexander Sutherland Neill, dem Erfinder der antiautoritären Erziehung. In der Bleecker Street in New York hatte ich auf dem Weg zur Arbeit im Schaufenster einer Buchhandlung »The Last Man Alive« gesehen und habe es gekauft. Das hat mir gut gefallen. Ich schrieb meinem Bruder, ob es ihm entgangen sein sollte, daß sein Bestsellerautor A.S. Neill nicht nur Bücher über Gören, sondern auch eins für Gören geschrieben hat? Damals ist nämlich der Szczesny-Verlag Pleite gegangen und von Rowohlt übernommen worden. Heinrich Maria hat sich die Backlist angesehen und bemerkt, daß die Bücher von A.S. Neill praktisch unter Ausschluß der Öffentlichkeit erschienen waren. Mein Brüderchen hat den Büchern Titel verpaßt, in denen die Formulierung »antiautoritäre Erziehung« vorkam, und daraufhin verkaufte sich das Zeug wie Briefmarken bei der Post. Weil Neill ziemlich alt wurde und ziemlich viel geschrieben hat, konnte man, sobald einer der Titel nicht mehr zog, einen weiteren hinterherschmettern. Das sah aus wie eine echte Neuerscheinung. Deshalb war A.S. Neill Bestsellerautor.

Neills Buch über antiautoritäre Erziehung war damals

ja die Bibel für alle Pädagogik-Studenten und jungen Eltern. Ich war inzwischen auch in der von ihm gegründeten Schule in Summerhill. Ein fröhlicher Laden. Du hast deinen Bruder offenbar überzeugen können, das Kinderbuch zu verlegen.

Zunächst nicht. Mein Brüderchen schrieb mir zurück, »The Last Man Alive« sei leider unübersetzbar, weil da nämlich Gangster vorkommen, die 40er-Jahre-Gangster-Amerikanisch sprechen. Ich fragte ihn, ob ich es vielleicht versuchen dürfe, und habe Hans Jürgen Press als Illustrator vorgeschlagen. Der machte damals »Sternchen, Sternchen haben Kinder gern, Sternchen ist das Kind vom Stern, Sternchen kommt ins Haus gelaufen, brauchst dir bloß den Stern zu kaufen.« Außerdem machte er den »Kleinen Herrn Jakob«, und deshalb wußte ich, daß die ganzen Rowohlt-Hirsche den kannten, und ich wußte auch, daß sie meinen Vorschlag ablehnen würden, weil er von mir kam. Sie haben ihn auch prompt abgelehnt. Da habe ich Fritz Waechter empfohlen. Den kannten sie nicht und konnten ihn deshalb nicht ablehnen.

Und wenn du gleich Waechter vorgeschlagen hättest, wäre er abgelehnt worden?

Natürlich. Dr. Wegener, der danach Verlagsleiter bei Rowohlt für vertretbar kurze Zeit war, schwört heute noch, er hätte Waechter vorgeschlagen. Das stimmt zwar, aber erst nach mir. Waechter riet mir, diesen amerikanischen 40er-Jahre-Gangster-Slang doch einfach zu erfinden. Aber Sprache ist mir zu heilig. Das wollte ich nicht, und deshalb habe ich mir ein Wörterbuch des Rotwelschen besorgt. Das war das erste Kinderbuch, das es je in die *Spiegel*-Bestsellerliste geschafft hat, und noch heute erkennt man eine gewisse Generation daran, daß sie »Verfatz dich!« sagt, wenn sie »Hau bloß ab« meint. Das haben sie aus der »Grünen Wolke«. Das ist mein Wunschtraum, daß man zu mir »Verfatz dich« sagt.

Ich dachte, das wäre berlinerisch.

Nee, das ist ursprünglich Rotwelsch. Aber weil das Buch ein Bestseller war, und weil unglaublich viele Kinder es gelesen haben, die jetzt alle erwachsen sind und die Fackel weiterreichen, ist das wieder deutscher Sprachgebrauch geworden. Das ist tatsächlich etwas, was man sich als Übersetzer an seine Fahnen heften kann.

Ist das nicht eine große Belastung, wenn man zum ersten Mal vor einem ganzen Buch sitzt und es übersetzen soll?

Es ist eine physische Überwindung. Aber weil ich ziemlich ungern vor die Tür gehe, bin ich beim Übersetzen geblieben, denn da muß man nicht vor die Tür gehen. Es hatte nur den Nachteil, daß ich nach diesem Kinderbuch plötzlich der Kinderbuchexperte war und Kinderbücher übersetzen mußte.

Die Überstezung der »Grünen Wolke« hat dich vermutlich nicht reich gemacht. Wovon hast du damals gelebt?

Zwischendurch war ich ein bißchen Werbetexter in Düsseldorf. Denn als wir aus Amerika zurückkamen und uns in Frankfurt niederließen, stellte ich fest, daß mein bester Freund, Herr Stroucken, nicht mehr in Frankfurt wohnte, sondern in Düsseldorf arbeitete – bei der Düsseldorfer Filiale der Agentur GGK, Gerstner, Gredinger & Kutter, Stammhaus Basel, so daß Frankfurt an Reiz verloren hatte. Stroucken empfahl mich bei GGK, die immer händeringend Texter suchten. Er kenne da einen Harry Rowohlt. Darauf meinten die: »Rowohlt, ist das nicht so ein alter Sack in den Vierzigern?« Sagte er:

»Nein, der ist fünfundzwanzig.« »Dann her damit.« Auf diese Weise bin ich einer der Väter der Kampagnen »Mehr erleben in der Welt des Peter Stuyvesant« und »Ich trinke Jägermeister, weil...« geworden. Das war sehr angenehm.

Seid ihr dann nach Düsseldorf gezogen?

Nein, ich fuhr mit der Eisenbahn nach Düsseldorf, wohnte einem Briefing bei, auf dem Kontaktabzüge von Fotosafaris gezeigt wurden. Dann soff man mit Stroukken, und am nächsten Morgen – oder noch in der selben Nacht – schrieb ich im Speisewagen nach Frankfurt die Texte. Das waren sogenannte Unikatschaltungen, weil man ja auch über einen Witz nur richtig lacht, wenn man ihn das erste Mal hört. Es ist blöd, wenn man ständig dieselben Anzeigen wiedersieht. Die hatten dann auch den nicht ganz logischen, aber eindrucksvollen Spruch: »Diese Anzeige sehen sie nur hier und nur jetzt. Es ist die 278. von vielen anderen, die noch folgen werden.«

Das ist doch Quatsch. Es ist die 278. von denen, die bisher erschienen sind, und nicht von denen, die noch folgen werden.

Ja, eben. Jedenfalls hatten die deshalb einen großen Bedarf an Texten. Man schrieb etwas mondsüchtige, leicht gebundene Prosa. Zu Hause habe ich das dann abgetippt und am Bahnhof in den Richtungsbriefkasten nach Düsseldorf gesteckt. Pro Text bekam man 150 Mark, so daß ich zum ersten Mal in meinem Leben für meine Verhältnisse viel Geld verdient habe und es sogar nötig wurde, ein eigenes Konto zu eröffnen. Also bin ich in Frankfurt-Bornheim über die Straße in die dortige Filiale der Frankfurter Sparkasse von 1822 gegangen. Die haben hinter mir das Scherengitter heruntergelassen, weil sie dachten, ich wäre die Baader-Meinhof-Bande. Dabei sah die doch viel schnieker aus. Nur eine Woche später bat mich der Filialleiter in sein Kabuff, um mit mir über die Vorteile des Bauherrenmodells zu diskutieren, und seitdem liebe ich Geld. Damals mußte man sich immer rechtfertigen, wenn man Werbefiffi war. Am besten damit, daß Brecht, Wedekind und Ringelnatz auch Werbetexte geschrieben haben.

Inzwischen ist das in der Biographie überhaupt kein Makel mehr.

Im Gegenteil. Neulich hat eine Kollegin vom Hessischen Rundfunk gesagt, als ich gerade eine Ringelnatz-CD vollgequatscht habe, es gäbe ja so viele Parallelen zwischen Ringelnatz und mir. Wir seien beide schon mal Werbetexter gewesen. Ich mußte ihr dann sagen, daß es jetzt aber mal gut wäre. Von Brecht gibt es den schönen Werbespruch für die Firma Steyr-Automobile: »Steyr-Wägen liegen in der Kurve wie Heftpflaster.« Als Honorar hat er dieses Auto bekommen und sofort an den Baum gesetzt.

Hast du auch Sachen beworben, die du nicht gut fandest?

Nein, nur Sachen, hinter denen ich auch stehen konnte. Nämlich Zigaretten und Schnaps. Nicht, daß ich je Stuyvesant geraucht oder Jägermeister getrunken hätte, aber die Richtung stimmte. Ich habe allerdings auch ein paar Katzenverse gemacht, die mit der Kunden-Kredit-Bank zu tun hatten, damit sie mich nicht völlig umsonst nach Düsseldorf holten. Immerhin haben die ja auch das Eisenbahnticket gezahlt, 2. Klasse. Es gab Vorgaben vom Kunden, wovon die Geschichten handeln sollten. Daß zum Beispiel Verwandte aus der DDR kommen und man die fürstlich bewirten will und deshalb einen Kleinkredit bei der Kunden-Kredit-Bank aufnimmt. Und da habe ich dann gedichtet: »Besuch kommt aus der SBZ, die KKB zahlt Mehl und Fett.«

Grandios. Haben die den Spruch etwa genommen?

Nein. Das war nur so ein bißchen vor mich hingetextet. Oder, daß die Tochter sich darüber beschwert, daß sie im Reitstall immer ein anderes Pferd kriegt und sich deshalb gar nicht für das Turnier qualifizieren kann. Und deshalb muß man der Tochter mal eben ihr eigenes Pferd kaufen und nimmt dazu einen Kleinkredit bei der KKB auf. Dazu gab es den Katzenvers: »Die Katze seufzt nach scharfem Ritt, jetzt brauch ich einen Kleinkredit.«

Herrje, das ist ja grauenhaft.

Nein, das war alles sehr angenehm. Nicht zuletzt, weil der Kreativdirektor Wolf Rogosky war. Der war vorher bei *Pardon* und Cheflektor bei Bärmeier & Nikel. Und der Obertexter war Rainer Baginsky. Der kam auch von *Pardon*. Die ersten Texter, die die beiden wiederum geworben haben, waren Leute wie Robert Gernhardt, die damals nur einem kleinen Kreis von Satireliebhabern bekannt waren. Und Fritz Waechter hat auch für die GGK gezeichnet. Neulich habe ich bei Thomas Kapielski eine schöne Schilderung darüber gelesen, was das Gute an Menschen ist, die literarische Zeitschriften herausgeben. Das Gute an ihnen ist, daß sie wissen, sie können selbst nicht schreiben, dafür aber Bettelbriefe verfassen und Telefonate führen, bis sie genügend, wie Kapielski es nennt, Schreibsüchtige haben, die ihnen dann die literarische Zeitschrift vollschreiben.

Mein Freund Gabriel Rosenstock hat mal eine Literaturzeitschrift in irischer Sprache herausgegeben: An Droichead (Die Brücke). *Er hatte Sponsorengelder für sieben*

Ausgaben, und jede wurde mit einem Riesenfest gefeiert. Zum Schluß, als das Geld weg war, gab es eine zünftige Totenfeier.

Das beste am Schreiben ist ja ohnehin der »launch«, wenn das Werk fertig ist. Damals gab es ein Sonderheft über die neuen französischen Philosophen. Da wollten sie eine bezahlte Anzeige schalten, denn die GGK dachte, sie kommt damit durch, weil sie eine denkende Werbeagentur ist. »Ich trinke Jägermeister, weil, wer Kummer hat, hat auch Lacan.« Der bekannte französische Philosoph Lacan. Frau Quade, die überhaupt nichts kapierte, meinte daraufhin, daß das total schlecht in die Kampagne passe. Ich bin froh, daß ich mich an Frau Quade erinnert habe und daß sie auf diese Weise unsterblich geworden ist. Sie war die Sekretärin von Kontakter Poschmann, dem Arschloch, der gar kein Arschloch war. Das wurde immer bloß gesagt. Das lag wahrscheinlich daran, daß er so dichtes Haupthaar hatte, daß alle glaubten, er trüge ein Toupet.

Das Übersetzen macht dir offenbar Spaß, sonst hättest du nicht schon über hundert Bücher übersetzt.

Übersetzer und eine gewisse Art Journalisten sind die einzigen Berufe, bei denen man sich praktisch für jeden Scheiß interessieren muß, weil es irgendwann mal bestimmt vorkommt. Man muß sich als Übersetzer allerdings auch mal zurücknehmen. Wenn man es mit einem Autor zu tun hat, der die Dinge nicht gern präzise benennt, übersetzt man »horse« einfach mit »Pferd« und nicht mit »einjähriger Fuchswallach«, obwohl man weiß, daß der Autor das gemeint hat.

Ich übersetze überhaupt nicht gerne. Ich würde viel zu lange überlegen, ob man nicht noch eine bessere Formulierung findet und würde dabei verhungern.

Ich hingegen habe gerade das 108. Buch angefangen, außerdem fünf Theaterstücke und einen Film übersetzt. Es handelte sich um den letzten Film von John Huston. »The Dead«, nach der letzten Geschichte in den »Dubliners« von Joyce. Weil ich inzwischen auch noch Filmkritiker bei der *Zeit* geworden war und immer über die Synchronisation gemeckert habe, dachte ich, ich übersetze selbst mal einen Film, um zu sehen, ob es überhaupt möglich ist. Und wenn es nicht möglich ist, werde ich nie wieder über schlechte Synchronisation meckern, und wenn es doch möglich ist, werde ich weiterhin über schlechte Synchronisationen meckern. Es war eine furchtbare Schinderei. Aber das dürfte so ziemlich der einzige Film der Welt sein, in dem sogar Menschen, die man nicht sieht, lippensynchron deutsch sprechen, weil ich nur das Dialogbuch ohne Regieanweisungen hatte. Nur ein einziges Mal stand da, daß jemand aufs Klo geht und die ganze Zeit weiter quatscht, man hört ihn nur durch die Tür, während er sich die Hände wäscht. Sobald der nicht mehr zu sehen ist, wird der bei mir dermaßen redselig, weil Deutsch eine sehr viel längere Sprache als Englisch ist, etwa 16 bis 34 Prozent länger. Kaum hat er fertig gepinkelt und sich die Hände gewaschen, wird er wieder einsilbig.

Wie hast du das denn hinbekommen, ohne den Film zu sehen?

Ich habe das in Griechenland gemacht. Richtige Übersetzer von Filmen haben ein Video-Gerät und spielen sich das immer wieder vor, aber das hätte mir nichts genützt, weil ich kein Video-Gerät hatte, und wenn ich eins gehabt hätte, hätte ich nicht gewußt, wo ich das in die Wand hätte stöpseln sollen, weil wir in der Hütte keinen Strom hatten. Ich habe einen Spiegel genommen, um meine Lippenbewegungen zu kontrollieren, weil ich dachte, ich sehe auch so, ob das Labiale oder sonst was sind. Den Spiegel habe ich wieder aufgehängt, weil ich den nicht brauchte, bin verzweifelt auf und ab gegangen und habe vor mich hingesagt: »It is a real pleasure to have you with us. It is a real pleasure to have you with us. It is a real pleasure to have you with us.« Was da wohl für deutsche Mundbewegungen passen mögen? Es war die Hölle.

Aber man bekommt ungeheuer viel Geld dafür?

Als ich fertig war, habe ich das Michael Braun geschickt, der inzwischen bei der Firma Interopa ist. Er hat mich angerufen und gefragt, wieviel Geld ich denn dafür haben will. »Ich weiß nicht, was man dafür verlangt, ich habe noch nie einen Film übersetzt«, meinte ich. Er hat dann einen Betrag genannt, der viel höher war als das, was man für ein Buch kriegt, woraufhin ich einen Schreck bekam und ganz mechanisch angefangen habe, ihn herunterzuhandeln. Da sagte er: »Ey, Harry, das ist mein Text!« Und dann handelte er mich wieder rauf. Aber obwohl man sehr viel mehr Geld kriegt, ist es eine zu große Schinderei. Und man wird vollends asozial, wozu Übersetzer ja ohnehin neigen.

Wieso asozial? Das habe ich bei dir bisher nicht festgestellt.

Man grüßt auf der Straße alte Freunde nicht, weil man an irgendeiner Formulierung feilt, und man vereinsamt und wird immer wunderlicher. Deshalb ist es sehr schön, daß ich über die Käffer tingele und auf diese Weise ein bißchen Feedback habe. Am liebsten habe ich Marburg. Wenn ich was übersetzt habe, von dem ich nicht weiß, ob man es öffentlich vorlesen kann, versuch ich es zuerst in Marburg, weil das Marburger Publikum provinziell, aber akademisch ist. Außerdem sitzt da die PDS im Stadtrat. Wenn etwas in Marburg angekommen ist, kann man sicher sein, es einigermaßen intelligenten Menschen zumuten zu können. Man läßt das dann doch lieber weg in Käffern wie... Die sage ich jetzt nicht, aber jeder kennt sie.

Außerdem liebe ich kluges Publikum. In Marburg war gerade eine Medizinstudenten-Demonstration, und alle liefen mit weißen Kitteln und Stethoskopen um den Hals rum, da habe ich in meiner Lesung laut vor mich hingedacht, warum die Dinger eigentlich Stethoskop heißen, weil man eigentlich doch gar nicht durchguckt, wie beim Periskop und Mikroskop. Da rief der ganze Saal: »Das kommt von skopein, und skopein heißt zwar gucken, aber auch untersuchen. Wo hast du denn dein Graecum geschossen, Alter?«

So ein Publikum, bei dem man auch was lernen kann, wünscht man sich doch.

Auf meinen Reisen hab ich immer etwas gelernt, denn man soll ja auf Reisen etwas lernen. Ich gehe zuerst in die jeweilige Nordsee-Filiale, wenn es eine gibt. Man bekommt da einen großen Salat und ein großes Stück Fisch. Die lassen einen zufrieden, und für die Nacht kann man sich noch die jeweils aktuelle Snackbox mit Cocktail-Sauce besorgen. Nach der Lesung liegt man im Hotel und schmaddert das Kopfkissen mit Cocktail-Sauce ein, sieht sich eine späte Wiederholung von »Star Trek« an, und dann ist es doch noch ein schöner Tag geworden. Wenn die Grünen im Stadtrat sitzen, gibt es in der Nordsee-Filiale Pfeffer- und Salzstreuer. Wenn die Grünen nicht im Stadtrat sitzen, gibt es Pfeffer und Salz in Papiertütchen. Wenn man das dem Veranstalter abends auf den Kopf zusagt: »Ihr habt ja die Grünen im Stadtrat«, dann stimmt das immer, und wenn es noch so ein winziges Kaff ist, von dem man nie in der Zeitung liest. Der »Nordsee« habe ich auch meine schönste polizeiliche Auskunft zu verdanken. In Schleswig habe ich mal einen Polizisten gefragt, ob es eine Nordsee-Filiale gäbe. Und da sagte er: »Da sprichst' was an, Mann. Da sprichst' was an.«

Übersetzt du jetzt nur noch Bücher, die dir gefallen?

Am Anfang mußte ich mir ja als Übersetzer einen Namen machen. Und wenn man einen berühmten Namen hat und Rowohlt heißt, nimmt jeder von vornherein an, daß man nichts kann. Ich muß also praktisch, wie damals in den USA, eine Schwarze sein, d.h. eine Frau und schwarz, also mindestens doppelt so gut wie die Konkurrenz. Deshalb habe ich, um nicht als arrogantes Arschloch zu gelten, auch furchtbaren Scheißdreck übersetzt. Aber nichts wirklich Ehrenrühriges. Inzwischen kann ich es mir aussuchen. Das heißt, ich könnte es mir aussuchen, wenn ich nicht zu blöd wäre. Deshalb bin ich auch froh, daß ich nicht Verleger geworden bin. Wenn ich ein englischsprachiges Buch lese, merke ich nämlich nicht, ob das gut ist oder nicht. Ich merke das erst, wenn ich zu übersetzen anfange. Nach einer halben Seite merke ich plötzlich, das ist ja wirklich, wie mein Vater zu sagen pflegte, rotglühende Kosakenscheiße.

Das heißt, du liest die Bücher gar nicht, bevor du sie übersetzt?

Nein. Wenn ich den Kram, den ich übersetze, auch noch vorher läse, käme ich ja zu gar nichts mehr. Ich lese die ersten drei Seiten, und wenn die nichts sind, wird das Buch auch später nichts mehr. Ich halte mich da an William Faulkner, der gesagt hat, man muß den ersten Satz so formulieren, daß der Leser sofort den zweiten Satz lesen will, und immer so weiter. Wenn es mit der Faulkner-Methode nicht klappt, lasse ich die Finger davon, denn als Übersetzer leidet man noch viel mehr als der Leser oder der Autor. Ich habe schon furchtbare

Vertragserfüllungen durchlebt und durchlitten. Deshalb liebe ich auch Gerd Haffmans so. Wenn ich in seiner Zeit als Cheflektor bei Diogenes plötzlich gemerkt habe, ich hasse das Buch, sagte er: »Wir wollen ihn ja nicht quälen.« Später, als er dann als Verleger selbständig war, hat er immer auf Tommy Bodmer einzuwirken versucht, den er von Diogenes in seinen Verlag mitgezogen hat: Es könne nicht die Aufgabe des Lektors sein, einen Übersetzer davon zu überzeugen, daß das Buch, das er übersetzen soll, nicht Scheiße ist, sondern lieber einen anderen Übersetzer zu finden. Es gibt ja Übersetzer, denen das dann gefällt. Wir Menschen sind ja seltsamerweise ziemlich verschieden.

Du hast mir mal den Comic »Didi und Stulle« geschenkt, weil die so furchtbar berlinern, was dich angeblich an mich erinnert hat. Übersetzt du auch Comics?

Ich habe damals dem Rowohlt Verlag vorgeschlagen, Asterix zu machen, als der gerade aufkam. Jetzt macht das Ehapa. Die wunderbaren klugen Wortspiele gehen bei Ehapa unter. Danach haben sie dann bei rororo-Rotfuchs mühselig versucht, Comics zu entwickeln. Hätten sie Asterix gemacht, hätten sie sich nie an Holtzbrinck verkaufen müssen. Und Asterix ist doch weiß Gott nichts Übles. Stattdessen hat das Rolf Kauka gemacht, der alte Nazi. Der hat das Ganze ins Nazistische übersetzt, Siggi und Barbaras, die beiden lustigen Germanen, bis dann Goscinny und Uderzo davon Wind kriegten. Wenn ich Asterix übersetzt hätte, hieße der Schmied Solingenohlix. Zu schade.

Was sind deine Lieblingsbücher, die du übersetzt hast?

Zuerst Flann O'Brien. Den gab es leider schon auf deutsch. Bei Rowohlt. Da habe ich ihn auch kennengelernt. 1966. Unter dem Titel »Zwei Vögel beim Schwimmen«, übersetzt von Lore Fiedler. Haffmans wollte eine neue Übersetzung von mir anfertigen lassen, und ich habe gesagt: »Das Buch ist aber so wunderbar übersetzt, das kann man doch gar nicht besser übersetzen.« Haffmans sagte: »Ich wette, du kennst das Original nicht.« Und ich: »Nein, das wollte ich mir bis zum Schluß aufsparen.« Er wieder: »Und wenn du Idiot in einer Woche stirbst, was ist dann? Dann hast du ›At Swim-Two-Birds‹ nicht im Original gelesen.« Da hab ich einen Schreck bekommen und es tatsächlich im Original gelesen. Und festgestellt, daß in der Übersetzung von Frau Dr. Lore Fiedler etwa 1400 Fehler waren.

Das war u.a. die Sache mit dem Briefkasten, oder?

Ja. Da verabreden sich bei Lore Fiedler zwei am Briefkasten. Und als ich das zum erstenmal gelesen hatte, dachte ich, warum nicht? Die werden schon wissen, welcher Briefkasten gemeint ist. Im Original hieß das »the Pillar«. Mit »the Pillar« war natürlich die dankenswerterweise von der IRA im Jahre 1966 in die Luft gesprengte Nelson-Säule gemeint. Oder: Da steht bei Frau Dr. Lore Fiedler die Sowieso-Ranch im N-Bezirk. Das spielt aber in Dublin, und da Dublin im Gegensatz zu Mannheim nicht am Reißbrett entstanden ist und in durchnumerierte und durchalphabetisierte Stadtteile zerfällt, hätte mir bei der ersten Lektüre ihrer Übersetzung schon auffallen müssen, daß das Quatsch ist. Im Original hieß es: »The Circle N Ranch.« Und das bedeutet natürlich das Brandzeichen – die »N-im-Kreis-Ranch«. Aber das kann man eben von Übersetzerinnen nicht verlangen. Die haben als Kind halt nicht Karl May gelesen, sondern Johanna Spyris »Heidi kann brauchen, was es gelernt hat«, weshalb bei ihr auch sechsläufige Pistolen vorkommen, »six-shooters«. Wenn die an den Hüften baumeln, ist das doch ein bißchen schwer. Da braucht man Hosenträger fürs »holster«. Es gibt durchaus sechsläufige Pistolen, aber die wird man kaum an der Hüfte tragen.

Hattest du dich schon vor Flann O'Brien für Irland interessiert?

Als ich bei Rowohlt volontierte, war ich mal auf Kurzurlaub in Irland, acht oder neun Tage, das war ein Lock-Angebot, eine Schlösser-Tour. Da stieg man nur in den feudalsten Schlössern ab, und ich wurde zum ersten Mal in meinem Leben gut behandelt. Ich wußte überhaupt nicht, wie mir geschah. Ich war vorher schon mal auf dem Shannon Airport zwischengelandet, auf dem Weg nach Amerika. Das war eine ganz normale, langweilige Flughafenhalle, und ich hatte auf unerklärliche Weise das Gefühl, zum ersten Mal in meinem Leben nach Hause zurückzukommen. Ich weiß nicht, woran das lag, aber Liebe kann man eben nicht erklären.

Es ist erstaunlich, daß sie dich in die Schlösser überhaupt hineingelassen haben.

Obwohl das feine Schlösser waren, mit feinen Leuten, die einen bedienten, wurde man überall gut behandelt. Also nicht so wie in Westberlin: Kein Zutritt für Gammler. Da dachte ich, nach Irland könnte man eigentlich viel häufiger fahren. Seitdem glauben die Menschen, ich wäre reich und hätte ein Haus in Irland. Aber ein Haus in Irland würde ich mir nie zulegen, weil das bedeuten würde, daß ich dann nicht mehr nach Irland fahren kann, weil ich ja bereits da bin, und das ist dann doof.

Seit deiner Flann-O'Brien-Übersetzung giltst du als Irland-Experte?

Irland-Experte bin ich nur deshalb geworden, weil Irland 1996 der Themenschwerpunkt auf der Frankfurter Buchmesse war. Damals wurde ich dermaßen häufig zum Thema irische Gegenwartsliteratur interviewt, von der ich nicht den geringsten Schimmer habe, daß ich seither von meinem Irland-Wahn ein bißchen kuriert bin. Die Leute glauben immer, das wäre falsche Bescheidenheit, wenn ich abwinke, aber das ist eben nicht falsche Bescheidenheit, sondern viel schlimmer, es ist echte Bescheidenheit. Ich bin in Irland immer mit großer Wärme und Nettigkeit von wildfremden Menschen behandelt worden.

Und selbst, als sie dich dann kannten, waren sie immer noch nett zu dir?

Ja natürlich. Ich habe darüber in *Saison* berichtet, dem Reisemagazin von *Geo*. Damals hatte ich eine Lesung in der schönsten Buchhandlung des europäischen Kontinents, in der Buchhandlung Taraxacum von meinem Freund Michael Wübbelsmann in Leer in Ostfriesland. Ich wollte das bei der Gelegenheit gleich vortragen, aber weil der Abend von Radio Bremen aufgenommen wurde und ich ein anständiger Mensch bin, habe ich bei Gruner & Jahr angerufen und gefragt, ob ich das vorlesen dürfe. Sie sagten, nachdem sie sich mit ihren Juristen beraten hatten: Ich dürfte das sehr gern, müßte aber dazu sagen, daß es demnächst in *Saison*, dem Reisemagazin von *Geo*, erscheine. Dann hab ich dermaßen oft: »*Saison*, das Reisemagazin von *Geo*« gesagt, daß es schon fast nicht mehr schön war. Danach habe ich einen Text von Flann O'Brien vorgelesen, aus »Trost und Rat«, seiner Kolumne »Cruiskeen Lawn« in der *Irish Times*. Da kam die Formulierung vor: »Es ist jetzt nicht die Saison«, und da brüllten fünfhundert entfesselte, besoffene Leeraner: »Das Reisemagazin von *Geo* – erscheint nächsten November!«

Hat Leer außer dem schönsten Buchladen des europäischen Kontinents noch etwas anderes zu bieten? Ich war da noch nie.

In Leer gibt es einen Niederländer namens Henk. Er trinkt nur Paddy-Whiskey, und wenn ich da mit der Eisenbahn hinkomme, lungert er seltsamerweise immer am Bahnhof herum und begrüßt mich. Er sieht sehr irisch aus, ist rot-blond, ständig besoffen und hat immer eine frische Paddy-Fahne, auf die er Wert legt. Ich habe ihn mal morgens getroffen und bewunderte seine Paddy-Fahne, und da hat er einen Schreck bekommen und gesagt: »Oh Gott, die ist von gestern.« Und dann hat er sie ganz hastig aufgefrischt. Er singt auch sehr gut und lügt einem die Hucke voll. Man würde aber trotzdem nie drauf kommen, daß er Ire ist, weil er immer zu gut drauf ist. Er hat nicht diesen Dämon auf der Schulter. Er hat überhaupt nichts Transzendentes, sondern er ist einfach geradeaus und gut drauf.

Flann O'Brien war ja auch nicht gerade transzendent. Ich war zwar mal auf der winzigen Insel, die in »At Swim-two-birds« vorkommt, aber du kannst sogar beweisen, daß du dort warst.

Im Gegensatz zu dir und deinem Freund Jürgen Schneider hab ich die Insel barfuß bestiegen, so daß ich anhand des Matsches, den man ja an meinem Füßen deutlich sah, weil ich meine New Yorker Maßsandalen trug, und anhand eines Steines, den ich dort aufgehoben habe, eindeutig beweisen konnte, daß ich da gewesen war.

Ich habe mich auf der winzigen Insel verlaufen und Jürgen hat sich beim Anlegen des Bootes die Schulter ausgekugelt. Insofern war der Inselbesuch ein Fiasko. Aber ich bin ja auch kein Flann-O'Brien-Fachmann wie du.

Nachdem ich jahrzehntelang Fachmann für Kinderbücher war, was einem ziemlich auf den Wecker gehen kann – vor allem, wenn man Kinder nicht mag –, wurde ich später schlagartig Comic-Experte, weil ich für »Zweitausendeins« Comics von Robert Crumb und Gilbert Shelton übersetzt habe. Ich wurde in Erlangen in den Comic-Salon eingeladen und sollte ein Referat halten. Kurz vorher war ich schon beim ersten internationalen Flann-O'Brien-Symposion in Dublin gewesen, wo die Flann-O'Brien-Übersetzer aus aller Welt versammelt waren. Dort mußte ich auch ein Referat halten, und das hab ich dann in Erlangen einfach nochmal gehalten, weil es keinen wesentlichen Unterschied gibt, ob man Flann O'Brien oder Comics übersetzt. Der einzige Unterschied ist, daß man bei Comics kurz und bündig sein muß, damit das Gequatsche nicht die Sprechblase sprengt, also praktisch lippensynchron. Es fiel überhaupt nicht auf, daß ich das Referat aus Dublin nochmal auf deutsch hielt. Die Mickey-Mouse-Übersetzerin Magister Gudrun Penndorf wußte noch nicht mal, daß sich die Comic-Geräusche wie »Ächz«, »Schrubb« usw. von Verben herleiten. Die dachte, das wären Imperative. Da kannst du mal sehen, wie schwachsinnig Fachleute sind. Ich habe sie darauf aufmerksam gemacht, daß der alte KBW, also der Kommunistische Bund Westdeutschland, übersetzt wurde mit »Kotz Brech Würg«, und das seien ja wohl keine Imperative, sonst hätte es ja »Kotz Brich Würg« heißen müssen. Hat sie natürlich nicht kapiert.

Aber immerhin, sie übersetzt ja jetzt auch Asterix.

Ja, leider. In Erlangen waren auch zwei sehr nette, versoffene Juso-Genossen, die beide furchtbar nach Knoblauch stanken, weil der eine einen Herzinfarkt gehabt hatte, und der Arzt ihm riet, er solle ordentlich Knoblauch fressen. Damit seinem bestem Freund das nicht so auffiel, fraß der auch Knoblauch. Die haben mir nachgewiesen, was ich nie bezweifelt hatte, daß man in Erlangen 48 Stunden lang von einer Kneipe in die andere gehen kann, ohne sich zu wiederholen, wenn man in jeder Kneipe nur dreißig Minuten bleibt. Das haben wir auch prima hingekriegt.

Also kann der Erlanger Comic-Salon ja gar nicht so schlimm gewesen sein.

War er auch nicht. Wir haben sogar einen am Tisch schlafenden Menschen kennengelernt, der plötzlich aufwachte, als wir uns über Flann O'Brien unterhielten und irgendwas über »An Bael Bocht« vorkam, was ich unter dem Titel »Das Barmen« übersetzt hatte. Dem wurde dann von Suhrkamp später der idiotische Titel »Irischer Lebenslauf« und ein furchtbarer Umschlag verpaßt. Das hat dieses Buch absolut unsignierbar gemacht. Der Mann wußte ungeheuer über Flann O'Brien Bescheid und konnte sogar Alt-Irisch. Meine beiden Gewährsleute haben mir erzählt, daß niemand die geringste Ahnung hat, woher er so viel weiß, weil man ihn immer nur saufend erlebte. Ein großes Rätsel. Er hat auch mal irgendetwas in Zweifel gezogen, was die »Göttliche Komödie« von Dante betraf, und da haben sie in der Kneipe Benzingeld gesammelt, ihn ins Auto verfrachtet und sind mit ihm nach Florenz gefahren. Da hat er ihnen anhand des Originalmanuskripts nachgewiesen, daß er Recht hatte. Seitdem hat ihm niemand mehr widersprochen. Man wußte einfach: Er hat immer Recht.

Bist du gerne unterwegs auf Lesereise?

Ja, weil es immer schön ist zu wissen, daß es überall Käffer gibt, in denen man noch nicht war. Besonders im Beitrittsgebiet macht mir das Spaß. Das sind reine PDS-Veranstaltungen. Sobald bekannt wird, wann meine Lesung ist – das kann viereinhalb Monate vorher sein –, ist am nächsten Tag die Lesung ausverkauft. Das ist gut zu wissen. In Gardelegen bei Magdeburg hat mich in der Pause jemand vom Ostdeutschen Rundfunk Brandenburg interviewt. Er sagte: »Vor der Wende war ich ADN-Korrespondent in Kairo, und jetzt muß ich solche Pfeifen wie dich interviewen.« Nach der Lesung sind wir dann noch in einen Original Irish Pub gegangen, die es ja überall gibt. Sie sind so genormt wie McDonalds, aber dieser war sehr angenehm. Der Wirt war kein Ire, aber dafür Lindenstraßen-Fan der ersten Stunde, so daß ich nicht zu bestellen brauchte. Er stellte mir immer genau das hin, was ich normalerweise bestellt hätte – zwei Minuten, bevor ich es bestellen konnte. Im selben Gebäude, in der Disco, war ein Glatzen-Aufmarsch. Wir wurden immer weniger und immer mutiger und wollten Glatzen klatschen gehen. Da hat der Wirt abgeschlossen und uns damit gerettet. Am nächsten Morgen hatte ich eine stark geschwollene rechte Hand. Ich weiß nicht wovon. Vielleicht sind wir doch noch in die Disco gegangen und haben die Glatzen aufgemischt. Das sind so etwas numinose Erinnerungen. Deshalb habe ich mich auch daran gewöhnt, morgens aufzuwachen, ohne zu wissen, wo ich bin. Das kommt von den Tingeltouren. Besonders, wenn ich zuhause aufwache. Das ist ein derartiges Glücksgefühl, zuhause aufzuwachen, das ist überhaupt nicht zu fassen.

Ich übernachte gerne in Hotels, vor allem, wenn es das berüchtigte englische Frühstück mit Speck, Würstchen, Eiern und gebratenem Brot gibt. Das kann man der Leber zuliebe allerdings nicht oft essen. Wo ist das gemeinste Hotel?

In Heidelberg. Wenn man im Deutsch-Amerikanischen Institut eine Lesung hatte, wird man immer in dieses Hotel einquartiert. Das ist zwar ganz angenehm, aber der Ehrgeiz dieses Hotels besteht darin, nicht wie ein

Hotel zu wirken. Da wacht man in schwellenden Pfühlen auf, mit Blick auf ein Mandala an der Wand, und denkt: »Oh Gott, bei welcher Schlampe bin ich denn jetzt gelandet? Gleich kommt sie aus der Kochnische, mit dreckigen Füßen und aromatisiertem Kräutertee.« Und dann fällt einem irgendwann ein: Nein, ich bin in Heidelberg, da muß das alles so sein. Ein schönes Hotel gibt es auch in Regensburg. »D'Orphee« heißt es. Da ist jedes Zimmer ein Themenpark. Eins orientiert sich an »Il Gattopardo« von Tomasi di Lampedusa. Mit Himmelbett, das oben offen ist, damit man etwas davon hat und den Kronleuchter dimmen kann.

Das unterscheidet uns. Du kennst die schönen Hotels dieser Welt, ich kenne die Absteigen und Spelunken. Ich bin taz-*gestählt und steige in den billigen Läden ab, was vor allem in London abenteuerlich sein kann, weil so manche Pension dermaßen verwinkelt ist, daß man abends Brotkrumen streuen muß, damit man am nächsten Morgen den Ausgang findet. Aber auch in Deutschland kenne ich Häuser, in denen der Gast als Feind behandelt wird, zum Beispiel in Ludwigshafen, Landshut und in Leverkusen. Seitdem meide ich Orte, die mit »L« anfangen.*

Ich hatte mal eine Lesung in Leverkusen. Der mit Abstand größte Reinfall meines Lebens als Vortragskünstler. Es handelte sich um eine Veranstaltung zur Eröffnung des Wintersemesters der Volkshochschule, ein Tag der offenen Tür. Man saß auf dem Podium und verströmte sich. Und ständig kamen Leute und sagten: »Lassen Sie sich nicht stören. Ich will mir nur einen kleinen Überblick verschaffen.« Zwischendurch spielte eine irische Kapelle aus Leverkusen namens »The Garlics« in schwarz-grünen Kilts. Sie spielten Original Leverkusener Irische Musik und waren offenbar eine Art reisende Kommune mit lauter Bälgern. Eins dieser Bälgern sagte zu mir: »Warum sitzt du da den ganzen Tag und liest Quatsch vor?« Es war die Hölle. Ich bin mit der Vorortbahn von Düsseldorf aus an Langenfeld vorbeigefahren, Stätte meiner Triumphe. Und nur zwei Stationen weiter war Leverkusen. An diesem Tag gab es auch noch ein Heimspiel von Bayer Leverkusen gegen 1860 München. Die ganze Vorortbahn war voll mit Sechziger-Fans, die zur Melodie von *Guátanamera* sangen: »Scheiß-Leverkusen, wir singen Scheiß-Leverkusen, Scheiß-Leverkuuuuusen, wir singen Scheiß-Leverkuuuusen!« Nur ein junges Mädchen rief: »Sechzig kriegt ne Packung.« Da waren die Sechziger-Fans für einen Augenblick still und sagten: »An Schneid hams.«

Und kriegte Sechzig eine Packung?

Ja, leider. Während der Anschleimphase in Leverkusen habe ich erzählt, was ich Schönes in der Vorortbahn erlebt hatte, und die Lokalpresse hat sich natürlich nur »Scheiß-Leverkusen« gemerkt, und im nachhinein muß ich sagen, mit Recht. Mein einziger Trost war, daß ich mir in der dortigen Buchhandlung einen Kölner Stadtkrimi gekauft habe. Ich weiß nicht mehr, wie der Autor hieß, aber in diesem Krimi kamen zwei schöne Passagen vor. Die erste: »Ich habe nichts gegen Vorurteile.« Und die zweite: Der Ich-Erzähler wird empfindlich zusammengeschlagen, und als er aus der Ohnmacht aufwacht, liegt sein Kopf auf dem Schoß einer Frau, die aussieht wie Dunja Raiter. Sie fragt ihn, ob er einen Cognac will. Er denkt, und das ist meine Lieblingsstelle: »Mein Gott, was antwortet man da?«

Insofern ist Leverkusen doch aus dem Schneider.

Na ja. An Erlangen kommt es aber nicht heran. Als ich wegen einer Lesung das zweite Mal in Erlangen war, habe ich auf dem dortigen Volksfest ganz knapp den legendären jodelnden Japaner verpaßt, den ich mir gerne mal angehört hätte. Ich habe ihn einmal im Fernsehen gesehen, und der hat mir sehr eingeleuchtet. Der jodelt wirklich sehr virtuos und trägt dazu Krachlederne und plattelt auch so ein bißchen vor sich hin. Was mich an das alte »Zillertal« auf der Reeperbahn erinnert, wo ja auch immer Trachtenkapellen aufspielten. Das waren natürlich keine Bayern oder Österreicher oder Tiroler, sondern das waren polnische Jazzer, die man in Lederhosen gesteckt hatte, und je besoffener die wurden, desto mehr fingen sie an zu jazzen, und dann stürzte der Pächter aus seinem Kabuff und sagte: »Ihr Scheiß-Polacken, ihr werdet hier nicht für's Jiven bezahlt!« Dann haben sie eine zeitlang ordentlich Ländler gemacht, bis es wieder mit ihnen durchging.

Ich habe auf der Reeperbahn mal eine schwedische Trachtenkapelle erlebt, die können das auch recht gut.

Ja, die Schweden. In Hamburg hatte ein Hockey-Länderspiel stattgefunden, Schweden gegen Schottland. Schottland hatte gewonnen und beide Mannschaften trafen sich anschließend im »Zillertal«, wo die Schweden ihre Niederlage feierten und die Schotten versuchten, den Kummer über ihren Sieg zu ersäufen. Die Schotten waren wirklich untröstlich, und die Schweden versuchten immer, sie aufzumuntern: »Ist doch nicht so schlimm, kann doch jedem passieren, daß er mal siegt.« Die Schotten wollten aber nichts davon wissen. Die waren richtig sauer, daß sie gewonnen hatten. Die Schweden tanzten inzwischen Polonaise und bemühten sich dabei immer, auf keinen der Finnen zu treten, die in Hamburg überall auf dem Fußboden herumliegen. Sie tanzten auf den Tischen, enterten die Bühne, verschwanden hinter der Dekoration mit Zugspitze, Alpenmassiv und Kühen, und kamen auf der anderen Seite der Bühne wieder raus. Ich weiß nicht, wie sie das so schnell gemacht haben. Sie waren jedenfalls alle nackt und trugen Wikingerhelme.

Wenn Alkohol im Spiel ist, können Schweden alles. Es gibt ein schwedisches Spiel, das ähnlich wie Monopoly aufgebaut ist. Aber statt Grundstücke oder Häuser zu kaufen, mußt du jedesmal Bier aus Schnapsgläsern trinken. Bei Spielende tanzen dann auch alle Polonaise wie im »Zillertal«. Gibt es den Laden eigentlich noch?

Inzwischen heißt er »Schmidts Tivoli«, und seitdem kann man da nicht mehr hingehen, was doppelt störend ist, weil das »Zillertal« das Motto hatte: »Zillertal bleibt Zillertal.« Und über der Bühne stand: »Schaug, das d'in Schwung kimmst.« Zwei ältere Kellnerinnen mit Dirndl liefen immer mit Obstler herum, damit man nicht nur Bier trank, und falls man vergessen hatte, sich Schnaps zu bestellen, war das immer sehr hilfreich. Da war es schön. Im »Schmidts Tivoli« ist es dagegen doof. Aber so ist das mit Neuerungen.

Die Läden auf der Reeperbahn wechseln ja ständig, das habe ich bei unserem letzten Kneipenzug festgestellt.

Ja, schade. Was es auch nicht mehr auf der »Großen Freiheit« gibt, ist meine alte Stammkneipe, die »Blockhütte«, Europas ältestes Country & Western-Lokal, 1936 gegründet, jeden Abend Live-Musik, montags geschlossen. Da trafen sich die Gitarreros, und der Chef war aus Amsterdam, aus dem Jordaan, dem Arbeiterviertel am Hafen, das während des Zweiten Weltkrieges als einziges von den Deutschen nicht besetzt war, weil die sich da nicht hingetraut haben. Daran erinnert ein wunderbares Hafenarbeiterdenkmal im Jordaan. Das ist sozialistischer Realismus, aber der Arbeiter hat Bierbauch und krempelt sich gerade die Ärmel hoch, um den Moffen eins auf die Rübe zu geben – ein sehr schönes Denkmal.

In Dublin stellen sie auch ständig neue Denkmäler auf – meistens von Leuten, die früher verfemt waren, wie Rebellenführer James Connolly oder James Joyce. Gibt es in Hamburg eigentlich ein Denkmal für Freddy Quinn?

Nein, das nicht, aber Gretchen, die Wirtin der »Blockhütte«, hat mir mal erklärt, warum Freddy Quinn nicht schwul ist: »So ein Quatsch, Freddy Quinn und schwul, da wär ich doch die erste, die das gewußt hätte. Bei mir sind sie doch alle angefangen. Freddy Quinn ist bei mir angefangen, die Beatles sind bei mir angefangen, da wär ich doch die erste, die das spitz gekriegt hätte. Ich weiß nicht, wem so was einfällt, das sind doch nur die Neider. So ein Quatsch – Freddy Quinn und schwul, da geht mir doch das Messer in der Tasche auf, wenn ich das höre. Freddy Quinn steht auf kleine Jungs, aber der ist doch nicht schwul!«

Gretchens Tochter Corry ging übrigens damals mit Paul McCartney. Gretchen sagte später: »Guck dir doch mal diese pienzige Linda Eastman an, da ist doch an meiner Corry viel mehr dran. Und dann spielt Linda auch noch die Dulcimer bei den ›Wings‹. Dieses Scheiß-Instrument, das wirklich jeder Affe spielen kann. Jede Wette, daß sie das nicht selbst stimmt.« Sie hatte völlig recht. Mit Corry wäre Paul McCartney viel besser bedient gewesen als mit Linda Eastmann. Corry hätte außerdem den Vorteil, daß sie immer noch lebte. Sie hat jetzt einen Polen mit Schäferhund und Mercedes. Na ja, es sei ihr gegönnt.

Hast du mal die Beatles im Star Club gesehen?

Nein, aber mein Klassenkamerad, Andreas Röhn, inzwischen erster Konzertmeister bei den Münchner Philharmonikern, der aber damals noch heftig mit der Trompete jazzte, gab mir einen Tip. Auf dem Kiez gäbe es eine Beat-Kapelle, The Beatbrothers oder so ähnlich.

Die würden einen neuen Schlagzeuger suchen. »Meinst du nicht, du könntest da mal einspringen? Du trommelst doch einigermaßen anständig.« Ich sagte: »Nee, ich muß immer um zehn Uhr abends zu Hause sein.« Später habe ich das dem amerikanischen Comic-Zeichner Gilbert Shelton erzählt. Und der sagte: »It wouldn't have worked: John, Paul, George and Harry.« Nein, vielen herzlichen Dank. Ich bin sehr beruhigt und froh, daß es Ringo geworden ist, weil er der älteste und der einzige war, der den Führerschein hatte.

John, Paul, George and Harry klingt doch tadellos. Shelton hat keine Ahnung.

Er ist Texaner und stottert, was man nur daran merkt, daß er jedes fünfte Wort nicht aussprechen kann. Er versucht dann, drumherum zu fabulieren, und erzählt ganz andere Sachen, die auch sehr schön sind, um dieses eine Stolperwort zu umschiffen. Das Einzige, was bei ihm gegen das Stottern hilft, ist das Saufen. Dann greift er sich eine Gitarre und spielt plötzlich wunderschön, obwohl er das eigentlich gar nicht kann, und singt auch noch dazu. Ohne zu stottern. Gilbert Shelton und seine Frau Lora Fountain sind inzwischen auch Iren. Aber Ire wird man ganz leicht. Das sieht man ja an dir. Man braucht nicht mal eine Irin zu heiraten.

Aber man muß ein Faß Guinness vor den Einbürgerungsbeamten trinken. Oder ein guter Fußballer mit irischer Oma sein, dann geht es mit der Einbürgerung ganz flott.

Die Sheltons konnten beide einen irischen Urgroßvater nachweisen und wurden daraufhin irische Staats- und damit EU-Bürger und hatten keinerlei Schwierigkeiten, in Paris zu siedeln. Ich ging mit den Sheltons in Paris in eine Musikkneipe namens »Transatlantique«. An einem

Tisch saßen sehr verschieden, aber gut aussehende Herren. Als sie Gilbert Shelton sahen, erhoben sich alle, verbeugten sich vor ihm und setzten sich wieder hin. Das war die Redaktion von *Charly Hebdo*. Im »Transatlantique« gibt es eine Lärmschleuse wegen der Nachbarn, also zwei Türen. Das sieht zunächst aus wie ein Speak Easy. Man möchte gar nicht hineingehen, aber drinnen hörst du die wunderbarste Bluegrass-Musik. Auf der Bierkarte stehen siebzig verschiedene Biere, von denen vierzig, und das sind nicht die schlechtesten, belgische Obstbiere sind. Ich weiß, daß du Obstbiere scheust wie der Teufel das Weihwasser, aber sie sind nicht schlecht. So ein ordentliches Erdbeerbier von der Marke »La mort subite«, der jähe Tod, ist nicht übel.

Doch, das ist übel. Mein Sohn hat mir mal drei Flaschen belgisches Kirschbier mitgebracht, es war verkorkt wie eine Sektflasche und schmeckte wie Selters mit Sirup. Bah. Aber nochmal zum Übersetzen: Hast du Kontakt mit den Autoren, wenn du sie übersetzt –, sofern sie noch leben?

Ja, denn das hat drei entscheidende Vorteile. Erstens braucht der Autor mit seinem Nachbarn nicht Golf spielen zu gehen, weil er ihm sagen kann: Mein deutscher Übersetzer ist dermaßen unfähig, dass er mir wieder eine Inkompetenzliste geschickt hat, die ich jetzt dringend beantworten muß. Vorteil zwei: Der Nachbar merkt, sein Nachbar ist ein so bedeutender Mensch, daß dessen Werke ins Deutsche übersetzt werden. Vorteil drei ist, daß man einigermaßen fehlerfreie Übersetzungen abliefert. Ich verstehe Kolleginnen und Kollegen nicht, die davon keinen Gebrauch machen.

Als wir unseren zehnstündigen Kneipenzug durch Hamburg begannen, hattest du ein Vorabexemplar von Frank McCourts Buch »Die Asche meiner Mutter« unter dem

Arm. Am Ende unserer Tour hattest du es nicht verloren, während ich kaum noch meinen Namen wußte. Da war mir klar, daß du das Buch sehr schätzt. Hast du McCourt beim Übersetzen öfter Fragen gestellt?

Ich habe ihn angerufen, um ihm eine Frage zu stellen, weil ich nicht abwarten wollte, daß er mein Fax beantwortet, was selbst gutwillige Autoren gern und oft verbummeln.

Ich habe ihn auch mal angerufen, mich aber beim Zeitunterschied vertan. So war es in New York vier Uhr morgens. Er war trotzdem sehr freundlich.

Ich habe natürlich den Zeitunterschied bedacht, im Gegensatz zu dir. Ich habe ihn so angerufen, daß es in New York halb elf Uhr vormittags war, und voller Entzücken festgestellt, daß er um diese Tageszeit bereits besoffen war. Da habe ich mir gedacht, mit dem läßt sich arbeiten, ein guter Mann. Das wurde dann genau der Erfolg, den man ihm auch gewünscht hatte. Ich weiß gar nicht, wie oft ich beim Übersetzen geweint habe, aber mindestens fünfmal. Wenn Leute mich auf das Buch anquatschten, frage ich sofort: Wie oft geweint? Und gute Leser sagen dann: fließende Übergänge.

Er hat dich gelobt, weil du der einzige Übersetzer warst, der das letzte Kapitel übersetzt hat, das ja nur aus einem Wort besteht: »'Tis.« Doch. Warum hast du sein zweites Buch mit eben diesem Titel nicht übersetzt?

Das darf ich eigentlich nicht sagen, weil ich mich dazu verpflichtet habe: Ich habe mich mit dem Luchterhand-Verlag verkracht. Inzwischen haben wir uns tränenreich wieder versöhnt, aber den zweiten Band habe ich trotzdem nicht übersetzt. Wer weiß, wozu es gut war. Ich habe den zweiten Band nicht gelesen, aber der große

Roger Boylan ist in diesem Fall mein Gewährsmann, und der sagt, zu Beginn des zweiten Bandes steigt der Autor auf eine Teekiste und fängt an, sich zu beklagen, und am Ende des Buches steigt er von der Teekiste wieder herunter. Außerdem entfällt beim zweiten Band der große Reiz für den Übersetzer, der im ersten Band noch vorhanden war. Der Ich-Erzähler fängt praktisch noch vor seiner Geburt, ja noch vor seiner Zeugung an zu erzählen und fährt als Kleinkind damit fort. Allmählich vergrößert sich sein Wortschatz, und da muß man als Übersetzer immer hinterherjachtern, und das macht eben Spaß. Im zweiten Band ist der Ich-Erzähler bereits sechzehn oder so und lernt eigentlich nicht mehr viel dazu. Wie ist das? Du hast es doch gelesen, oder?

Ja, es ist gut, aber hundert Seiten zu lang. Seine Erlebnisse als Lehrer hätte er gut eindampfen können. Aber ich mag seinen Erzählstil.

Sein kleiner Bruder Malachy hat gesagt, als »Die Asche meiner Mutter« erschien, daß er das auch gekonnt hätte, und hat das prompt versucht. Es ist ihm aber nicht gelungen. Ich habe einen kleinen Sonderdruck daraus gelesen. Er berichtet immer nur, daß Witze erzählt wurden und daß furchtbar viel gelacht wurde, aber er zitiert die Witze nicht und sagt nicht, worüber gelacht wurde, und das finde ich entsetzlich. Das Gesetz der Murospektive, der Mauerschau, gebietet es, daß der Erzähler über die Mauer guckt und erzählt, was läuft. Der Erzähler in Malachy McCourts Fall holt sich einen Hocker, um über die Mauer schauen zu können, und sagt dann: Da ist vielleicht was los. Und steigt wieder vom Schemel herunter. So ein Erzähler kann mir gestohlen bleiben.

Ein Autor aus Limerick hat ja einen Anti-McCourt geschrieben, in dem er Limerick in den rosigsten Farben malt. Das ist aber noch unlesbarer als das Buch von

Malachy McCourt. Jetzt erzähl doch trotzdem mal, warum du dich mit dem Luchterhand-Verlag verkracht hast.

Warum ich mich mit dem Luchterhand-Verlag verkracht habe, darf ich nicht sagen, das habe ich versprochen. Der Verlag hat sich jedenfalls sehr aufgepumpt. Ich habe mich über die zuständige Lektorin beschwert, und der Verlag hat gesagt, das gebiete schon die Fürsorgepflicht, daß man die Lektorin in Schutz nehme. Jetzt bin ich gespannt, ob sie bis an ihr Lebensende bei Luchterhand bleiben wird. Im Verlagswesen herrscht eine derartige Fluktuation, aber nach dem Spruch mit der Fürsorgepflicht werde ich den Luchterhand-Literaturverlag im Auge behalten, und sobald sie nicht mehr bei Luchterhand ist, frage ich scheinheilig, was denn wohl aus ihr geworden sei? »Nennen Sie das Fürsorgepflicht? Hä?« Als wären Lektorinnen Kinder oder sonstwie abhängige Infanten.

Du sagtest mal, daß du »Die Asche meiner Mutter« vier Mal übersetzt hast.

Ja, aber das darf ich eigentlich auch nicht sagen. Ein Mal aus dem amerikanischen Original und drei Mal aus dem Lektorierten zurück. Zum Beispiel sagt da ein kleiner Junge: »Ich hau ab nach Kanada und geh zu den Mounties.« Was Mounties sind, weiß jeder Leser in Deutschland. Es gibt ja auch diese sehr erfolgreiche Fernsehserie: »Ein Mounty in Chicago.« Da hab ich also das Wort »Mounty« stehen lassen, und die Lektorin hat daraus gemacht: »Ich hau ab nach Kanada und geh zur Bergpolizei«, weil ihr nicht kar war, daß Mounty von »mounted« – beritten – kommt, und nicht von »mountain«. Also »mounted« heißt Hühott und »mountain« heißt Holladriho. Das war sehr lästig. Und ständig wird Eamon De Valera zitiert, welcher korrekt von Frank McCourt mit großem D geschrieben wurde, und von mir auch. Sie hat das in dem ganzen Buch in Eamon de Valera korrigiert, als wäre Frank McCourt, der immerhin Lehrer ist, so blöd, daß er Eamon De Valera nicht richtig schreiben kann. Da hab ich ihr mit großer Geduld schriftlich erklärt, daß Eamon De Valera zwar Präsident des Freistaats Irland war, aber trotzdem amerikanischer Staatsbürger, und mit Inkrafttreten der amerikanischen Unabhängigkeitserklärung wurden Namenszusätze wie von, van, de, di als zweite Vornamen behandelt und seither großgeschrieben. Das müßte man eigentlich wissen, wenn man, wie diese Lektorin, Anglistik studiert hat, aber dennoch nichts weiß, wenn man nur studiert und sonst nichts lernt.

Ich habe 34 Semester studiert, aber gebrauchen konnte ich davon später wenig.

Deshalb habe ich auch nur so kurz studiert. Amerikanistik in München, zweieinhalb Stunden lang. Ich hab so kurz studiert, daß ich noch nicht mal in der Mensa war, dabei war es Freitag, und es hätte Fisch gegeben. Weil ich aber wirklich etwas lernen wollte, habe ich ziemlich bald gemerkt, daß man an der Uni falsch ist. Da kann man zwar in mehreren Jahren mehrere Scheine machen, aber um etwas lernen, ist es der falsche Ort.

Was ist denn der richtige Ort? Der Pub?

Ich könnte dir erzählen, um ein bißchen mit meinem theoretischen Rüstzeug zu prunken, worauf es beim Übersetzen ankommt. Darüber habe ich in Dublin und in Erlangen schon mal gesprochen. Auch am 1. Mai 1999 in Erfurt, als mir von der Deutschen Akademie für Sprache und Dichtung der Johann-Heinrich-Voß-Preis für Übersetzung zuerkannt wurde, habe ich in meiner Dankesrede darüber gesprochen. Danach sollte ich das Manuskript einschicken, für die Festschrift. Hatte ich natürlich nicht, weil ich frei gelabert hatte. Ich sagte: »Ich dachte, Reden hält man und schreibt sie nicht.«

Was ist denn nun mit deinem theoretischen Rüstzeug?

Die deutsche Sprache ist, wie wir Übersetzer sagen, eine sehr gute Zielsprache, weil sie präzise, aber poetisch ist. Sie hat sich nur irgendwie das falsche Volk ausgesucht, das davon kaum Gebrauch machen kann. Weil Englisch zuerst von den Angelsachsen geprägt wurde und danach von den Normannen, welche die Angelsachsen unterwarfen, ist es eine völlig offene Sprache. Als Faustregel kann man sich merken, daß das, was Arbeit macht, ein germanisches Wort ist, während das, was man genießt, ein romanisches Wort ist. Cow, damit hat man Arbeit, aber beef ißt man. Kuh und bœuf. Es gibt zwar ein Wort für Herz – heart –, aber bereits das Adjektiv dazu ist normannisch und heißt cordial.

Und »cordially yours« heißt: Leck mich am Arsch.

Eben. Es gibt also nicht mal ein anständiges Wort für herzlich, weshalb eine gute deutsche Übersetzung, auch wenn sie noch so getreulich ist, durchaus besser sein kann als das englische Original, denn es gibt ganz einfach bessere deutsche Wörter. Für viele englische Wörter brauchst du Abitur, um sie zu verstehen, aber um das Wort »herzlich« zu verstehen, brauchst du gar nichts. Ich weiß nicht, wieviele Anglophone auf Anhieb wissen, was »recalcitrant« heißt, aber »aufsässig« kennt jeder Trottel.

Aber wie ist es bei der Übersetzung von Lyrik?

Das Übersetzen von Lyrik, die sich hinten reimt, ist ein bißchen schwierig, weil Deutsch sich nicht so leicht reimen läßt wie Englisch. Das ist eine echte Herausforderung. Französisch ist noch schlimmer als Englisch, das reimt sich ganz leicht, und bei Italienisch reimt sich sowieso jedes Wort auf das vorhergegangene, weshalb ich italienische Romanciers sehr bewundere, die es schaffen, Prosa zu schreiben – dicke Bücher, siebenhundert, achthundert Seiten lang, und nichts reimt sich. Ich glaube, so, wie es in Deutschland Reimlexika gibt, gibt es in Italien Prosalexika, in denen die wenigen Wörter stehen, die sich nicht reimen. Deshalb verstehe ich auch deutsche Lyriker nicht, wenn sich deren Gedichte nicht reimen. Mit ein bißchen gutem Willen könnte das doch klappen, oder?

Durchaus.

Ich hatte mal eine Lesung in Tübingen und wurde da mit großer Wärme und Herzlichkeit empfangen, was mich natürlich gefreut hat, bis ich erfuhr, daß vor mir Sarah Kirsch dagewesen war. Die kann ich als Vorgruppe nur empfehlen. Die liest vierzig Minuten lang Gedichte, die sich nicht reimen, trinkt dazu eine halbe Flasche Mineralwasser, das nicht sprudelt, und danach ist Diskussion. Dafür bekommt sie dreimal soviel Geld wie ich. Kein Wunder, daß die Leute froh sind, wenn ich komme. Und sei es auch nur, weil ich kein Mineralwasser trinke. Neulich hatte ich eine kleine Lesung, als Erika Werner in den Ruhestand verabschiedet wurde. Erika Werner hat für die Hamburger Öffentlichen Bücherhallen die Lesungen organisiert. Sie hat mir ein kleines, zierliches Dankesbriefchen geschrieben, in dem stand: Besonders Furore hätte es gemacht, daß ich auf offener Bühne ein Glas Mineralwasser heruntergestürzt hätte. Das war an einer Stelle, an der ich normalerweise Whiskey trinke, aber es gab keinen. Da hab ich den Whiskey gespielt, und alle haben gedacht: Mein Gott, ist der Mann trinkfest. Wie er dies Mineralwasser runterstürzt und nicht die geringste Wirkung zeigt.

Unser gemeinsamer Freund Wiglaf Droste stürzt dagegen Chili-Sauce pur hinunter, die man normalerweise in homöopathischen Mengen auf das Essen verteilt. Das mußt du mal gesehen haben.

Bei einem runden Geburtstag der Verlegerin Antje Kunstmann habe ich gesehen, daß Robert Gernhardt und Wiglaf Droste, die einander spinnefeind waren, beieinander standen und drohten, sich gerade zu versöhnen. Da habe ich mich dazwischen geschmissen und zu Robert gesagt: »Wenn du dich jetzt mit Wiechlaff versöhnst, gehst du deines einzigen Feindes verlustig. Willst du das wirklich?« Sie haben sich dann wieder kühl getrennt. Ein Glück! Das wäre doch nicht zu fassen, wenn die allgemeine Harmonie einkehrte. Wiglaf hat Robert mal als Musikstalinisten bezeichnet. Wiglaf wohnte damals in der Sympathisantenszene bei irgendeinem Kind von Hans Traxler – im selben Haus wie Robert. Mitten in der Nacht haben sie ganz laut Rachmaninow gespielt. Robert fragte, ob sie das nicht leiser drehen könnten, und Wiglaf hat ihn einen Musikstalinisten genannt.

Ich habe den Belfaster Schriftsteller Sean McGuffin mal als Literaturstalinisten bezeichnet, weil er bei einer Lesung im Literaturhaus Pankow seine anwesenden irischen Kolleginnen und Kollegen als Wichser beschimpft hat, da sie sich nicht eindeutig genug zum Nordirland-Konflikt geäußert haben.

Ich war gleich nach der Wende im Literaturhaus Pankow. Das war ein bißchen lästig, weil die Menschen im Beitrittsgebiet ja während vierzig Jahren Unrechtsregimes ein feines Gespür für Zwischentöne entwickelt haben, und wenn so ein Publikum ständig auf tiefere Bedeutung lauert, ist es natürlich bei mir gearscht. Da konnte man die Wessis von den Ossis gut unterscheiden.

Die trugen zwar alle schwarze Klamotten, so daß der Unterschied optisch nicht auszumachen war, aber die Wessis lachten einfach unbefangen, wenn irgendwas komisch war, während die Ossis überlegten, was damit wohl gemeint sein könnte. Das ist die breite slawische Seele. Der Slawe lacht ja auch erst, wenn er genau hinterfragt und kapiert hat, was das für Implikationen haben könnte. Aber jetzt, nach zwölf Jahren, sind die Zonis fast genauso dämlich wie wir, und nochmal acht Jahre, dann sind sie die gleichen Volltrottel, und dann ist zusammengewachsen, was zusammengehört hat. Bis dahin sind auch deren Neonazis älter geworden und unsere Altnazis tot. Zumindest hatten sie keine Altnazis.

Laß uns nochmal auf Comics zurückkommen. Erzähl doch mal von Robert Crumb, den du übersetzt hast.

Wer Robert Crumb persönlich kennt, kennt nicht viel. Der ist ein bißchen autistisch und verschlossen und geht nur bei der Arbeit aus sich heraus, also beim Zeichnen und beim Musikmachen. Erstaunlich, was für ein Musiktalent er ist. Dem kannst du eine Tuba auf den Tisch legen, und nach zehn Minuten weiß er, wie man das Ding bedient. Ulla hat bei uns auf dem Straßenfest ein Akkordeon gekauft und es ihm geschenkt. Seitdem übt er jeden Tag stramm zweieinhalb Stunden Akkordeon, und mit diesem Akkordeon hat er es zu großer Virtuosität gebracht. In Kalifornien war er Frontmann der legendären »Cheap Sweet Serenaders«, einer wunderbaren Garagenband, in der er das Linkshänder-Banjo gespielt hat. In Frankreich hat er wieder Anschluß gefunden an eine nicht weniger wunderbare Kapelle mit dem Namen »Les Primitifs du Futur«. Die spielen hauptsächlich Musette, und das klingt sehr nach Cajun.

Kann ich mir schwer vorstellen.

Macht nichts. Als die Crumbs in Hamburg zu Besuch waren, fuhren wir am Künstlerclub »Die Insel« vorbei, den es inzwischen mit Recht nicht mehr gibt, und ich habe gesagt: »Ich bin dreimal in meinem Leben in den Künstlerclub ›Die Insel‹ eingeladen und dreimal nicht reingelassen worden, weil ich keinen Schlips trug.« Damals habe ich mir noch aus München Maßhemden kommen lassen und überlegte, ob ich mir aus Nato-Tarnstoff ein Hemd und einen Schlips bauen lasse, so daß ich im Künstlerclub »Die Insel« wegen Schlipslosigkeit nicht reingelassen werde, um dann auf meinen getarnten Schlips zu deuten, so daß sie mich zähneknirschend reinlassen müssen. Aber Crumb meinte: »Laß das lieber, sonst – you'll start a trend!« Und das wäre furchtbar, überall Yuppies mit den von mir erfundenen, zueinander passenden Tarnhemden und Schlipsen, und ich bekäme keine Tantiemen.

Mich hast du auf unserer Hamburg-Tour nur in Kaschemmen geschleppt. Ich erinnere an die drittletzte Station irgendwo am Hafen, als eine Babsi im giftgrünen Kleid an unserem Tisch stand, während ihr Freund sie von hinten angrabbelte, und mit tonloser Stimme sagte: »Ich glaub', ich krieg die Krise.«

Waren wir nicht auf der Reeperbahn im Astra? Das ist eine Biermarke. Astra Country Palace, wo die »Astra Country Palace All Stars« aufspielten. Den Astra Country Palace gibt es leider nicht mehr, das ist jetzt eine Daddelhalle. Das Astra wurde von zwei Schweden gegründet. Die dachten, wenn da live Countrymusik gespielt wird und es was zu trinken gibt, was für Schweden nicht so selbstverständlich ist, dann müssen doch alle Leute hingehen. Ging aber kein Schwein hin, weil es in Hamburg überall was zu trinken gibt, und ob da nun Country gespielt wird oder nicht, ist den Leuten wurscht. Als ich mit Robert da war, kamen die Musiker nacheinander an unseren Tisch gestreunt und fragten, auf ihn deutend, ob das tatsächlich der sei, von dem sie annahmen, daß er es sei, und ich nickte ebenso bescheiden wie stolz. Sie fragten, ob er Lust hätte, bei ihnen einzusteigen, worauf ich antwortete: »Ich kann's mir nicht vorstellen, aber ihr könnt ja mal unauffällig ein Banjo auf dem Tisch herumliegen lassen. Wenn er Lust hat, bedient er das dann auch.« Er hat allen die Cowboyhüte signiert, hinterm Schweißband, und ist nicht eingestiegen. Sehr viel später habe ich den Frontmann auf der Straße getroffen. Wir haben uns unterhalten, und ich sagte: »Ich übersetze gerade Comics von Robert Crumb.« Da sagte der ehemalige Frontmann der Astra Country Palace All Stars: »Was, der zeichnet auch? Das muß ja geil sein.«

Das muß Crumb sehr gefreut haben, daß er auch als Musiker bereits eine Legende ist.

Das hat ihn riesig gefreut. Davon abgesehen konnte ich ihn nur einmal beeindrucken. In Miami Beach. Damals hatte ich eine Gastritis und ein Zwölffingerdarmgeschwür. Ich bestellte mir eine Margarita und bekam wieder so einen Anfall, weshalb ich Peptobismol reingekippt habe, was so ähnlich ist wie Maaloxan forte oder Rennie in flüssiger Form – sehr rosa. Auf diese Weise hatte ich dann einen rosa Drink mit weißem Salzrand, und da kamen alle an und fragten, was das für ein Getränk sei, das wollten sie auch haben.

Ich hatte auch mal eine Gastritis, und zwar am Tag des Fußballweltmeisterschaftsendspiels 1966. Ich habe aber keine exotischen Drinks bekommen, sondern Morphiumspritzen, was sehr schön war. Das Fußballspiel war mir danach ziemlich wurscht.

Ich bleibe lieber bei Maaloxan forte. Ich war mal mit

meiner Nichte Olwen in Kneipe. Sie wurde nach einer keltischen Prinzessin benannt. Überall, wo sie hinging, wuchsen Veilchen in ihren Fußspuren, denn Olwen heißt auf Keltisch Veilchen. In Kneipe bekam ich plötzlich furchtbares Bauchweh. Ich wollte mir mein Maaloxan forte holen, aber sie sagte, laß mich das doch machen. Olwen ist älter als ich, mindestens zwei Jahre. Ich bin bereits als Onkel auf die Welt gekommen. Sie ging zu meinem Freund Christian Weisenborn, bei dem ich übernachtete. Dessen damalige Frau Françoise machte gerade Yoga und stand auf dem Kopf. Ich hatte meiner Nichte Olwen die Wohnungsschlüssel gegeben, und sie verschaffte sich Zutritt. Sie sah sehr matronenhaft aus und sehr viel älter als ich. Sie wehte mit ihrem anthrazitfarbenen Schneiderkostüm herein, und Françoise, die gerade einen Kopfstand machte, bekam einen Mordsschreck. Meine Nichte sagte: »Ich bin nur Harrys Nichte.« Da ist Françoise umgefallen, weil man sich Nichten jünger vorstellt als ihre Onkel. Aber dadurch, daß ich bereits als Onkel geboren wurde, hatte ich auch nie so richtig den Drang, Vater zu werden.

Onkel ist ja auch einfacher als Vater. Ich habe aber noch eine Frage zum Übersetzen: Gibt es irgendwelche Bücher, die du nicht gerne übersetzt hast, weil du sie zu schwierig fandest?

Ja, wenn der Autor nicht schreiben kann. Meister wie Flann O'Brien, bei dem alle glauben, es wäre furchtbar schwer gewesen, sind überhaupt nicht schwer zu übersetzen. Man muß nur versuchen, ihm hinterherzujachtern. Da braucht man als Übersetzer nicht besonders gut schreiben zu können, weil das ja der Autor bereits kann. Aber Nasen wie, um keine Namen zu nennen, David Sedaris – das ist eine furchtbare Schinderei. Ein typisches Produkt des amerikanischen High-School-Systems, weshalb er so ungebildet ist, daß er noch nicht mal bei Jauch in »Wer wird Millionär?« eine Chance hätte, 1000 Mark zu verdienen. Außerdem hat er immer irgendein Wort, das ihm plötzlich ans Herz gewachsen ist. Ein ganz normales Wort, das ihm sehr exotisch vorkommt, wie »challenge«. Er schreibt einmal »challenge«, und zwei Sätze später nochmals »challenge«, und noch mal vier Sätze später »challenge«, und auf einmal hat er es wieder vergessen. Dann hat man zwei Seiten lang Ruhe. Nach weiteren zwei Seiten kommt dann wieder »challenge«, und nach vier Seiten noch mal »challenge«, und schließlich im ganzen Buch nie wieder. Weil das eindeutig kein Stilmittel, sondern Unvermögen ist, darf man als Übersetzer nicht sechs Mal hintereinander »Herausforderung« schreiben, sondern muß etwas anderes dafür finden. Das verletzt zwar das Getreulichkeitsgebot und ist deshalb Betrug am Leser, wenn man es aber unterläßt, glaubt jeder, es läge am Übersetzer und seinem mangelnden Wortschatz. Schlechte Autoren vermiesen einem den Spaß am Übersetzen, und den muß man haben, denn Geld bekommt man nicht dafür. Und Ehre kann man damit auch nicht erlangen. Neuerdings erwähnen Kritiker manchmal sogar, wenn sie schlau sind, den Übersetzer. Aber meist nur, um sich selbst wichtig zu machen und dem Übersetzer einen Fehler nachzuweisen, zum Beispiel, daß er »surprised« mit »verblüfft« übersetzt hat und nicht, wie sich das gehört, mit »erstaunt«. In der *jungen Welt* stand das. Auch sehr merkwürdig: *Die Welt* und das *Handelsblatt* loben einen in den höchsten Tönen, und die eigenen Genossen hauen einen in die Pfanne.

Aber immerhin, dein Name wird schon oft auf dem Cover genannt.

Das ist furchtbar. Im *Börsenblatt des deutschen Buchhandels* wurde mal ein Cartoon veröffentlicht: In einem Büro sitzen sich ein Verleger, ein dicker Mann hinterm

Schreibtisch, und ein dünner junger Mann, offenbar ein Autor, gegenüber. Der Verleger sagt zum Autor: »Was, Ihr Roman heißt ›Übersetzt von Harry Rowohlt‹? Dann her damit.« Leider ist das Cartoon nicht sehr gut, sonst hätte ich das tausend Mal vervielfältigt und herumgeschickt.

Hast du denn bei den Verlegern durchgesetzt, daß dein Name auf dem Umschlag steht?

Nein. Ich habe vor vielen Jahren bei Suhrkamp durchgesetzt, daß der Name des Übersetzers, also meiner, anständig lesbar ist. Die hatten den irgendwo in der Titelei auf Seite 2 oder 3 versteckt. Die Lektorin fürchtete, daß dann alle Übersetzer ankämen und das auch wollten. Ich habe gesagt: »Das ist doch gerade der Witz dabei.« Im Rowohlt Verlag wurden die Übersetzer immer deutlich sichtbar erwähnt, was einerseits daran lag, daß Ernst Rowohlt keinerlei Fremdsprachen konnte, weshalb er Übersetzer sehr bewunderte, und andererseits daran, daß mein Bruder Heinrich Maria Ledig-Rowohlt selbst ein hervorragender Übersetzer war und deshalb die Übersetzer gut plazieren wollte. Dr. Siegfried Unseld dagegen hat nie kapiert, daß es auch Übersetzer geben muß, weshalb er ja auch den verehrten Kollegen Hans Wollschläger mit der Übersetzung eines so wichtigen Buches wie »Ulysses« beauftragt hat. Wollschläger hat allerdings auch eine geniale PR in eigener Sache gemacht.

Hast du den »Ulysses« gelesen?

Nicht nur das: Ich habe mal bei einer »Ulysses«-Marathon-Lesung das Zyklopen-Kapitel vorgelesen, und zwar die ersten sieben Minuten in der Wollschläger-Übersetzung, wofür ich viele Lacher bekam. Boshafte Lacher. Das liegt daran, daß Wollschläger so schlecht Englisch kann, daß das englische Original in jedem deutschen Wort durchschimmert. Danach habe ich dann in Nanosekundenschnelle den »Ulysses«, obwohl ich ihn noch nie gelesen hatte, ins Englische zurück und wieder ins Deutsche übersetzt. Das ist niemanden aufgefallen. Eine echte Höchstleistung. Das Einzige, was auffiel, war ein Fachausdruck für die Erektion, die ein Gehängter hat. Diesen Fachausdruck auszusprechen, hätte mir normalerweise keine Schwierigkeiten bereitet, aber ich blieb bei diesem Wort hängen. Großes Latinum mit zwei im Abschluß, und auch griechische Worte kommen mir ziemlich flüssig über die Lippen, aber bei diesem Wort funktionierte es nicht. Das hakte und klappte erst beim vierten Mal. Aber dann bekam ich Szenen-Applaus. Als ich später in München nochmal das Zyklopen-Kapitel vorgelesen habe, versuchte ich den gleichen Trick, aber das Publikum hat das gemerkt. Eine sehr schöne Veranstaltung übrigens, die Hamburger »Ulysses«-Marathon-Lesung. Sie fand auf Kampnagel statt. Das Publikum zahlte entweder Eintritt für ein Kapitel oder für den ganzen Brassel, dann natürlich stark ermäßigt, und jedes Kapitel wurde in einem anderen Kampnagel-Gebäude gelesen.

Das heißt, das Publikum mußte zwischen den Kapiteln umziehen oder konnte sich unauffällitg verdrücken, wenn es die Sirenen bezahlt hatte, aber nicht das Zyklopen-Kapitel?

Ja, genau. Während Leopold Blum sich Frühstück macht, von den Nierchen und ihrem Uringeschmack schwärmt, bekam ich plötzlich einen Wahnsinns-Schmachter auf gebratene Nieren und bin in der Pause in einen griechischen Imbiß, wo es haargenau diese Nierchen gab. Das war nicht Regie. Auch nicht Regie war, daß im Text von einer Katze die Rede war, die plötzlich im Saal auftauchte. Dann wird das entfernte

Klappern von Hurling-Schlägern erwähnt, während ich versonnen aus dem Fenster gucke und einen jungen Mann mit einem Hockey-Schläger sehe. Ich dachte zuerst, komisch, hier ist doch weit und breit kein Hockey-Verein, aber dann sah ich, daß es sich um einen Hurling-Schläger handelte. Das war Regie. Bei irgend so einer apotheotischen Szene erschien sogar eine Original-Taube. Die wurde angestrahlt, denn es war schon dunkel. Es war reine Magie. Die Katze, die aufs Stichwort aufgetaucht war, folgte uns in jedes neue Gebäude, weil sie es Klasse fand, daß überall Menschen waren. Aber leider nicht zum Zyklopen-Kapitel, weil am Eingang Hundegebell vom Band kam. Da dachte die Katze: »Nö, ich bin doch nicht doof, ich geh doch nicht in eine Veranstaltung, wo Hundegebell vom Band ertönt. Wo sind wir denn?«

Was hast du eigentlich gegen deinen Kollegen Wollschläger? Warum ziehst du so gerne über ihn her?

Ich ziehe gar nicht über den verehrten Kollegen Wollschläger her. Wenn ich sage »der verehrte Kollege Wollschläger«, dann meine ich das genauso, wie ich das sage. Voller Verehrung. Denn wenn es jemandem gelingt, sich fast zehn Jahre lang von dem als knickrig bekannten Suhrkamp-Verlag alimentieren zu lassen, ist das jeder kollegialen Verehrung wert.

Wenn du das Zyklopen-Kapitel bereits in Nanosekundenschnelle übersetzt hast, warum dann nicht mal den ganzen »Ulysses«?

Immer wieder fragen mich Menschen, ob ich nicht mal Lust hätte, den »Ulysses« neu zu übersetzen. Das ist völlig undenkbar, denn man ist entweder Flann-O'Brien-Fan oder Joyce-Fan. Beides zugleich geht nicht. Man steht entweder auf Beatles oder Stones, man steht entweder auf Gina Lollobrigida oder auf Sophia Loren, man steht entweder auf Paris oder London. Beides hat in einem Menschenherzen keinen Platz. So ist das eben auch mit Flann O'Brien und Joyce. Das ist wie St. Pauli und HSV. Entweder oder.

Bei einem »Ulysses«-Marathon hast du mitgemacht. Warum nicht ein Flann-O'Brien-Marathon?

Auf Kampnagel haben wir ja einen »In Schwimmen-zwei-Vögel«-Lesemarathon gemacht. Es wurde allerdings von der Veranstaltungsleitung entsprechend gekürzt. In »In Schwimmen-zwei-Vögel« kommt die schöne Stelle vor, wo der Ich-Erzähler und sein Studienkollege aus der Kneipe kommen und sich auf der Suche irgendwohin begeben. Zweck der Suche: Auffinden und Umarmen von Jungfrauen. Sie treffen ein Individuum, das sie auf Rousseau anquatscht, ein Mitglied der französischen Nation. Der Studienkollege göbelt diesen Fremden von oben bis unten mit einem dünnen Film gelblicher Kotze voll. Auf dem Flann-O'Brien-Symposium erzählte einer der beitragenden Redner, daß er immer diesen dünnen Film gelblicher Kotze vor sich sieht, wenn er den großen Philosophen Rousseau erwähnt. Diese Stelle habe ich vorgelesen und gleich danach auf einen verkümmerten Baum gekotzt.

Hättest du es etwas früher getan, hätten alle gedacht: Was für ein Darsteller!

Der große Star des Abends war mein alter Freund Paul Haubrich, genannt »Old Hein«. Meine Mutter unkte erst, der dürfe da nicht mitmachen, weil er Kölsch spricht, aber er war unglaublich gut. Er hatte das große Glück, den Auszug aus dem Lesebuch der Christlichen Brüder für die Mittelstufe über den Alkohol zu lesen. Und immer, wenn ich in dem Buch an die Stellen komme, die der inzwischen leider verstorbene alte Hein damals vorgelesen hat, lese ich die automatisch mit leichtem Kölsch: »Der Alkohol mag in der Medizin durchaus seine Berechtigung haben (kölsch gesprochen), sollte aber auf diese beschränkt bleiben, handelt es sich bei ihm doch um ein Nerwengift.«

Nerwen mit w.

Mit w, das ist kölsch. Ich hatte für diese Veranstaltung zwei Regievorschläge, die auch genommen wurden. Nämlich, daß das Herren- und das Damenklo korrekt mit »Fir« und »Mná« beschriftet werden sollten. Daraufhin sagte Hans Kantereit, dann käme er auch, denn wo sonst habe er die Gelegenheit, ungestraft auf dem Damenklo herumstreunen zu können. Der andere Vorschlag war, daß man zu Beginn jeder anständigen Veranstaltung die irische Hymne singt und sich erhebt. Ulla, die in der letzten Reihe saß, erzählte, daß zwei Punk-Mausis hereinkamen, als wir alle standen und die irische Hymne schmetterten. Ulla dachte, die würden auf der Hacke kehrtmachen, aber die Punk-Mausis sahen uns alte Säcke die irische Hymne schmettern und sagten: »Geil, da hole ich mir doch glatt ne Karte.«

Die irischen Klobeschriftungen sorgen auch in Irland immer wieder für Heiterkeit, wenn ausländische Touristen es zu enträtseln versuchen, weil sie logisch schließen, daß »Fir« für feminin und »Mná« für maskulin steht und dann entsetzt feststellen müssen, daß es umgekehrt ist. Wie ging es denn im Kampnagel weiter mit Flann O'Brien?

Erstaunlicherweise hatten alle Angst, daß es nichts zu trinken geben könnte. Diese Angst war unbegründet. Man hätte damit eine Ausstellung bestücken können: »Der Flachmann im Wandel der Zeit.« Richtig schöne

Flachmänner waren da zu sehen. Wolfgang Menge, der auch vorlas, hatte den schönsten. War aber Scotch drin. Naja, warum nicht.

Das war vor deiner Ernennung zum Ambassador of Irish Whiskey, nehme ich an. Sonst wärst du nicht so tolerant gewesen.

Ja, das war vorher. Aber das gastronomische Personal hatte sich aus Anlaß dieses Abends in Selbstverpfichtung immerhin die Haare grün gefärbt. Rot hätte es auch getan. Und es gab Irish Stew. Diese »In Schwimmen-zwei-Vögel«-Lesemarathons wurden in Wien und in Zürich wiederholt. In Wien kam der Kulturattaché der Irischen Botschaft mit vier Flaschen irischem Whiskey, setzte sich hinter die Bühne, soff seinen mitgebrachten Whiskey, sagte mehrmals »brilliant« und schlief ein. Als die Veranstaltung vorbei war, wachte er wieder auf, sagte noch ein paar mal »brilliant, brilliant« und ging wieder weg. Guter Mann. Ich hatte ein paar Flaschen Guinness organisiert und sie so gut versteckt, daß sie keiner gefunden hat. Weißt du wo?

Nö, wo denn?

Im Eisschrank. Während der Veranstaltung prügelten sich im Foyer zwei Damen mit abgeschlagenen Bierflaschen und zersäbelten sich gegenseitig die Fressen, ohne dabei je in ihren Beleidigungen im süßen Wienerisch innezuhalten. Es waren viel mehr Leute auf der Bühne als im Zuschauerraum. Auf der Bühne stand nämlich ein Bett, weil der Ich-Erzähler meistens im Bett liegt. Da legte sich das Publikum hinein und ratzte eine Runde. Teilweise ziemlich laut. Auch Backstage war mehr los als im Zuschauerraum. Ziemlich chaotisch.

Backstage ist doch immer mehr los als im Zuschauer-

raum. Ich erinnere an unsere Lesung beim Frankfurter Verleger Gerhard Heimler in der Buchhändlerschule in Seckbach, wo ja nun wirklich alles hinter der Bühne passierte. Ich erspare uns Einzelheiten.

Danke. Die Zürcher Marathon-Lesung war sehr viel disziplinierter. Ein Schauspieler machte auch mit, aber man soll Schauspieler nicht mit Lesungen betrauen. Schauspieler brauchen einen Regisseur, und wenn sie keinen haben, sind sie verratzt. Der war außerdem völlig besoffen. Erst fing er an, vorzulesen, und dann laberte er nur noch, bis auch das aufhörte. Tommy Bodmer und ich haben ihn von der Bühne getragen. Er war so im Suff erstarrt, praktisch so konserviert, daß er immer noch die Sitzstellung innehatte, als er weggetragen wurde. So konnte man ihn prima irgendwo hinsetzen, ohne ihn groß verbiegen zu müssen. Ganz oben im Rang lag ein Penner und schlief. Da kann man eben sehen, daß Zürich eine feine Stadt ist, denn er hatte sich die Schuhe ausgezogen, was ein deutscher Penner nie wagen würde, denn wenn er aufwacht, sind sie weg. In Zürich kannst du als Penner sogar die Schuhe ausziehen. Das ist Lebensart.

In Dublin haben die Penner nicht mal Unterhosen an. Meine Schwiegermutter wollte einen Dubliner Trunkenbold unter einen Mauervorsprung ziehen, weil es regnete, und als sie ihn an den Beinen zog, machte es »schnapp«, und sie hatte seine Hose in der Hand. Darunter war er nackt. Am Ende kam die Polizei und bezichtigte sie, den Penner belästigt zu haben. Apropos Penner: Ich mache jetzt die letzte Flasche Rotwein für heute auf, Harry.

Die letzte von siebzehn. Der Name Harry ist leider eher negativ konnotiert.

Weil der Harrü-Faktor auf finnisch der Proll-Faktor ist?

Nicht nur, was den Harrü-Faktor betrifft, sondern auch in der englischen Redewendung. »Any Tom, Dick or Harry.« Für jeden Hans und Franz. Hans Traxler heißt übrigens Hans, weil sein Vater Postinspektor war, und der reiste durch ganz Österreich, um Postämter zu inspizieren. Er war so selten zu Hause, daß seine Frau, um ihn zu ärgern, ihre beiden gemeinsamen Söhne Hans und Franz nannte, immer gespannt, ob er den Unterschied merkt.

Frank Zappa hat ja schon 1967 gesagt: »Harry, you're a beast.« In dem gleichnamigen Lied gibt es einen prima Dialog. Harry sagt zu Madge: »Madge, I want your body.« Madge schreit: »Harry, get back!« Daraufhin Harry: »Madge, it's not merely physical.« Und Madge schließlich: »Harry, you're a beast!«

Unter amerikanischen Country-Fans ist es auch nicht schön, wenn man Harry heißt, weil dann jeder sagt: »Keep the change, Harry.« Ich wußte lange nicht, woran das liegt, aber dann wurde es mir klar. Es gibt einen Country-Song, in dem jemand heftigst gescheitert und Taxifahrer geworden ist. Im Rückspiegel sieht er plötzlich eine Dame zusteigen, eine absolute Klassefrau, der er vor vielen Jahren mal den Laufpaß gegeben hat. Er hofft inständig, daß sie ihn nicht erkennt und nicht merkt, was aus ihm geworden ist. Zwischendrin kommen die Rückblenden, sieben bis acht epische Strophen. Schließlich bringt er sie dahin, wo sie hin wollte. Sie gibt ihm das Geld, und während er denkt, was für ein Glück, daß sie mich nicht erkannt hat, sagt sie: »Keep the change, Harry!«

Eine Bekannte von uns hieß Mary. Ich habe sie immer »Mary, du alte Sau« genannt. Sie sagte: »Es ist schon merkwürdig. Du sagst jetzt auch ›Mary, du alte Sau.‹ Viele Menschen sagen automatisch ›Mary, du alte Sau‹ zu mir, wenn sie hören, ich heiße Mary, und das sind nicht die übelsten.« »Das liegt daran«, sagte ich ihr, »daß es ein Gedicht von Ringelnatz gibt, wo die Stelle vorkommt: ›Mary, du alte Sau, mach mal deinem Daddeldu die Hosentür zu!‹« Da habe ich sie sehr glücklich gemacht, weil sie nun wußte, daß die Redewendung aus dem Bereich der Dichtung kommt. Sie ist bald danach gestorben, und ich habe ihr die letzten Monate entscheidend versüßt.

Na ja, Zappa hat ja nicht nur über Harry gesungen, sondern sich auch über Ralf ausgelassen, wenn auch mit »ph«. Als er gefragt wurde, warum er seinem Sohn den unterirdischen Namen Dweezil gegeben habe, antwortete er: »Wieso, es hätte doch viel schlimmer kommen können. Ich hätte ihn Ralph nennen können.« Aber sag mal, warum übersetzt du eigentlich keine Frauen?

Aus statistischen Erwägungen heraus. Etwa 80 Prozent aller Autoren sind Männer, und 90 bis 95 Prozent aller Übersetzer sind Frauen. Wenn es also eine Frau einmal geschafft hat, ein Buch zu schreiben, sollte sich auch eine Frau finden, die ihr das übersetzt. Ich empfinde mich mit dieser Einstellung als feministische Speerspitze. Sogar Alice Schwarzer hat mich deshalb gelobt. In Wirklichkeit habe ich mir sehr viel Leid erspart. Ich hätte keine Lust, Amerikas Antwort auf Sarah Kirsch zu übersetzen. Sarah Kirsch jetzt mal nur so als Oberbegriff, wie Christa Wolf oder so was. Außerdem sollte der Übersetzer nach Möglichkeit so wesensverwandt wie nur möglich mit dem Autor sein. Da hilft es schon mal, wenn beide dem selben Geschlecht angehören.

Das leuchtet ein. Aber mit wem bist du wesensverwandt, abgesehen vom Geschlecht?

Mein Vater wurde mal gefragt, warum der Rowohlt Verlag eigentlich kein Verlagsgesicht habe. Das war ihm noch nie aufgefallen. Er antwortete mit ungewohnter Chuzpe und Präzision: »Wieso kein Verlagsgesicht? Rowohlt-Autoren trinken und rauchen.« Und das stimmt. Das ist nach Möglichkeit auch mein Auswahlkriterium. Mein Einziges. Der einzige Autor, den ich je übersetzt habe, der nicht trinkt oder raucht, ist Robert Crumb. Aber der hat in seiner Jugend dermaßen viele Drogen genommen, daß er entschuldigt ist.

Aber was ist mit David Sedaris? Mit dem bist du doch überhaupt nicht wesensvewandt, oder?

»Naked« von David Sedaris ist das 97. Buch, das ich übersetzt habe, und das erste von einem Schwulen. Da sagte Sedaris: »Siehste, das ist auch genau meine Quote. Sechsundneunzig Mal probiert man es, und bei 97. Mal klappt es dann endlich.« Es gibt im ICE einen Wagen, in dem man kein Handy benutzen darf. Angesichts eines Piktogramms mit einem Gesicht im Profil mit Zeigefinger vor dem Mund bekam David Sedaris Angst und fragte: »Darf man in diesem Wagen nicht in der Nase bohren? Dann laß uns einen anderen nehmen.«

Ist er wirklich so naiv? Ich mag seine Bücher ja, auch wenn du dich in deiner Widmung für mich in »Naked« von dem Buch distanziert hast. Was ist denn mit Groschenromanen und Schundheften? Ich könnte mir vorstellen, daß es zur Abwechslung Spaß macht, so etwas zu übersetzen.

Ich weiß nicht. An der Universität Tübingen, und zwar im Fachbereich Amerikanistik, Spezialgebiet amerikanische Pioniergeschichte, lehrte früher Heinz J. Stammel. Das war der Erfinder des Authentic Western, ein echter Experte. Wenn jemand bei einem Schußwechsel mit der Polizei auf mysteriöse Art zu Tode gekommen war, fragte der *Stern* den Waffenexperten Heinz J. Stammel, und der berechnete die Flugbahn und stellte alles richtig. Er dichtete seine Western zusammen mit meinem Freund Werner J., genannt Billy Egli, unter dem gemeinsamen Pseudonym Robert Ullman. Das waren Pabel/Bastei-Schundhefte. Stammel konnte dann wegen Arbeitsüberlastung oder aus Krankheitsgründen unseren geplanten Field Trip nach Arizona, New Mexico und Texas nicht begleiten. So kam er schon wieder nicht nach Amerika, genau wie Karl May, der war ja auch nie dagewesen. Sein Englisch war außerdem ziemlich schwach, aber das hat ihn alles nicht angefochten. Er war ein angenehmer dicker, leutseliger Rheinländer, der das Cowboy-Lexikon »Das waren noch Männer – Cowboys von A bis Z« geschrieben hat.

Warst du denn auf diesem Field Trip?

Aber ja. Auf diesem Field Trip, der ansonsten von lauter Schwaben begleitet wurde, fuhr auch Hans-Jürgen Spürkel aus Bochum mit, der inzwischen zum Freund wurde. Er war damals Filmkritiker bei *TV – Hören & Sehen*. Außerdem hat er für das legendäre *Sounds* eine beispielgebende und richtungsweisende Geschichte der Countrymusik geschrieben, unter dem Pseudonym Hank J. Sparkle. Jetzt sitzt er in Hollywood und hat einen eigenen Sender mit alten deutschen Schnulzen für die deutsche Community von Beverly Hills. Elke Sommer, stelle ich mir vor, hört sich so was bestimmt an. Damals haben wir auch weite Teile von Texas, Arizona und New Mexico auf dem Pferderücken abgeklappert, weshalb wir uns heute noch schreiben: »Hi, saddle pal.« Abends gab es ein zünftiges Lagerfeuer, und die Schwaben liefen mit kurzen Hosen und Sandalen mit Socken herum. Später haben wir in der Glut Steaks gebruzzelt, als einer der Schwaben vom Pissen in der Macchia zurückkam und klagte, daß ihn irgendwas gestochen hätte. Da haben Billy, Spürkel und ich gefragt: »Hast du nicht zufällig auch so ein seltsames Klappern gehört? So: Brrrrrrt, Brrrrrrt?« Schließlich brachten wir ein Bowie-Messer im Lagerfeuer zum Glühen und schnitten dem Schwaben ein ordentliches Loch in die Wade. Ich habe das Schlangengift ausgesogen und ins Lagerfeuer gespuckt. Das ergab sehr dekorative Stichflammen, weil ich die ganze Zeit gesoffen und hochprozentigen Speichel hatte. Der Schwabe glaubt heute noch, er hätte mir das Leben zu verdanken, weil ich so beherzt war.

Die haben aber auch selbst Schuld. Warum tragen sie in der Wildnis keine langen Hosen und Stiefel dazu?

Das waren eben Schwaben. Billy hatte einen Wolf namens Dusty, einen roten, kanadischen Timber-Wolf, den sie irgendwo am Straßenrand aufgelesen hatten. Er war offenbar angeschossen worden oder unters Auto gekommen. Sie haben ihn gesund gepflegt, wie in diesen Kinderbüchern. Er gehorchte Billy und Paula aufs Wort, aber niemandem sonst. Alle anderen Menschen auf der Welt hätte er gefressen. Er war sehr gefährlich, riesengroß und eine prima Diebstahlversicherung. Wenn man ihn im Camp ließ, fraß er jeden Eindringling. Mit dem Wolf ließ es sich auch vortrefflich reiten. Wenn man auf dem Pferd saß, hatte man schon ein bißchen weniger Schiß vor ihm. Ich hatte damals eine Seele von einem Pferd. Es dauerte eine Zeit, bis ich kapiert hatte, daß es kein Deutsch verstand und ich Englisch mit ihm sprechen mußte. Aber dann machte es alles, und es war richtig schön, wie in den Filmen. Natürlich habe ich dem Pferd immer ordentlich was vorgesungen, was es auch sehr mochte. Nach Möglichkeit nichts Deutsches, das mußten schon Lieder sein, die es kannte. Es hat mich praktisch als Juke-Box verwendet. »Spiel noch mal die C7.« Man drückt ja auch in der Juke-Box immer nur die Sachen, die man kennt und mag.

Was ist denn aus dem Wolf geworden?

Irgendwann sind Paula und Billy mitsamt ihrem Wolf zurück nach Europa gekommen und haben auch eine zeitlang mit dem Wolf bei uns in Frankfurt gelebt. Der hat uns das ganze schöne, neue Parkett zerkratzt, weil er immer auf die Fresse fiel. Schließlich ist er auf Zehenspitzen gegangen und dann erst recht auf die Fresse gefallen. Billy schrieb damals einen seiner Western, und ich übersetzte »Der Wind in den Weiden« von Kenneth Grahame. Eines Tages stürzte Billy in mein Zimmer und fluchte. Billy stammt aus Luzern: »Schießdräck, Hureseich!« Scheißdreck, Hurenpisse. »Ich bin auf Seite zwanzig, und mein ganzes Personal ist bereits tot.« Ich sagte: »Oh, was machen wir denn da? Laß doch den Helden mal Eisenbahn fahren, auf dem Bahnhof sind immer viele Leute.« »Jo, verräckt« – verreckt heißt das, bedeutet aber »gut«. Danach ging das ganz schön mit uns.

Ich verstehe die Schweizer nicht, ich habe es versucht, aber sie könnten genauso gut turkmenisch reden.

Einmal war ich dabei, als Billy mit Stammel telefonierte, dem er ein Manuskript geschickt hatte. Stammel beschwerte sich: »Sag, bist du wahnsinnig geworden, Junge? Das kannste doch nicht machen!« Und Billy: »Ist was mit dem Manuskript nicht in Ordnung?« »Das kannste doch nicht machen, diese Fick-Szene!« Billy sagte: »Ich dachte, in der modernen Zeit kann man es ein bißchen realistisch anlegen?« »Ja«, sagte Stammel, »aber nicht achtzig Seiten lang!« Wenn ein neuer Western von Robert Ullman erschienen war, guckte ich kurz hinein. Waren Faust- und sonstige Feuerwaffen mit quälender Deutlichkeit beschrieben, wußte ich, der ist vom Stammel. Waren reichlich Indianer-Szenen drin, wußte ich, der ist von Billy, und ich habe ihn gekauft. Inzwischen schreibt er preisgekrönte Kinder- und Jugendbücher. Die kann ich nicht mehr lesen. Die sind pädagogisch wertvoll, und das ist bei mir Verschwendung. Dafür ist es zu spät.

5. Tag

Preise

RALF SOTSCHECK: *Du hast in deiner langen Karriere als Übersetzer einen Haufen Preise gewonnen. Was war dein allererster Preis?*

HARRY ROWOHLT: Den ersten Preis bekam ich für den besten Abituraufsatz von Hamburg, Nordniedersachsen und Holstein von der Maria Wolters-Stiftung zur Pflege der deutschen Sprache. Der war mit deutschem Schriftgut im Werte von 100 Mark dotiert. Ich habe ihn leider bis heute nicht eingelöst, weil ich gleich nach dem Abitur nach Frankfurt in die Lehre gegangen bin. Muß ich aber irgendwann noch machen. Dann war eine ganze Zeit gar nichts.

Der erste Preis ist immer der schwerste.

Genau. In den letzten Jahren häufte es sich dann allerdings. 1996 wurde ich zum »Ambassador of Irish Whiskey« ernannt. Ich habe nur leider die Urkunde weggeschmissen, weil ich dachte, das wäre Reklame, und jetzt weiß ich nicht, wie ich an eine neue komme. Ich meine, wie formuliert man das? »Dear Sirs«, aber dann hakt es auch schon. Außerdem habe ich eine geschmackvolle Kleinplastik vom Hessischen Rundfunk für das Kinder- und Jugendhörbuch des Jahres 1997 eingesackt, für meine sechs »Pu der Bär«-CDs. Diese geschmackvolle Kleinplastik ist übrigens aus haargenau demselben Plexiglas hergestellt wie die Lostrommel bei der Ziehung der Fernsehlotterie. Ich stelle mir vor, die haben da im Hessischen Rundfunk eigens ein Büro eingerichtet, in dem ein großer Plexiglasblock steht, und immer, wenn sie wieder was brauchen, meißeln sie ein bißchen was ab. Das wird dann eingeschmolzen, und je nachdem zur Lostrommel oder zur geschmackvollen Kleinplastik gegossen. Das Beste, was man über diese geschmackvolle Kleinplastik sagen kann: Sie ist tatsächlich aus Plexiglas und damit durchsichtig, und wenn ich Besucher durch meinen Trophäenwald führe, wird diese geschmackvolle Kleinplastik deshalb gern übersehen. Ich muß also gesondert auf sie hinweisen. Sie ist außerdem sehr klein, weil denen offenbar allmählich das Plexiglas ausgeht. Aber nicht auszudenken, wenn die geschmackvolle Kleinplastik größer wäre.

Was steht denn in deinem Trophäenwald noch so alles?

Zum Beispiel der Kurd-Laßwitz-Preis für Science Fiction – für das sechsundneunzigste Buch, das ich übersetzt habe, für »Zeitbeben« von Kurt Vonnegut. Da kommt übrigens die amerikanische Zweithymne vor, »America the Beautiful« von Katherine Lee Bates. Ich hätte das auch im englischen Original stehenlassen können, aber ich habe inzwischen so viel englischsprachige Lyrik übersetzt, daß ich, wenn ich irgendwo ein englisches Gedicht sehe, es ganz mechanisch wegübersetze. Dann hab ich es zur Kontrolle am Telefon Bill Ramsey vorgesungen, und der sagte: »Shit man, erst auf Deutsch merkt man, wie Scheiße das Original ist.« Bill Ramsey singt übrigens in der deutschen Fassung von Disney's Dschungelbuch den Bären Balou, und seine Frau hat die CD einem befreundeten kleinen Mädchen geschenkt. Das kleine Mädchen hörte die CD, und die Mutter des Mädchens fragte: »Hörst du, wer da jetzt singt?« »Klar, Balou der Bär.« »Nein«, sagte ihre Mutter, »hör mal genau hin, den kennst du, hörst du nicht, wer da singt?« »Doch, doch«, sagte das Mädchen schon ein bißchen genervt, »der Bär Balou.« »Nein«, sagte die Mutter, »das ist der Mann von Frau Dr. Ramsey.« Sagte das Mädchen: »Was, die hat einen Bären geheiratet?«

Das nennt man dann wohl Mischehe. Wie hoch war der Laßwitz-Preis eigentlich dotiert?

Gar nicht, da kriegt man nur die Urkunde zugeschickt, und die sieht nicht aus wie ein Prospekt. Deshalb habe ich die heute noch. Da hätte man nach Dortmund fahren und sich das Ding abholen müssen, und die sehr niedliche Katja Scholz hat gesagt, ich könnte da bei ihrer Oma übernachten, aber das war mir irgendwie zu ... ich weiß nicht was. Und Geld gab's ja auch nicht. Ich hatte Angst vor den zweitausend Trekkies, die alle Spock-Ohren haben, und niemand kennt mich, und man muß nett zu Leuten sein. Iiih. Aber die Urkunde habe ich. Der allergrößte Hammer aber war natürlich 1999. Am 1. Mai hat mir in Erfurt die Deutsche Akademie für Sprache und Dichtung den Johann-Heinrich-Voß-Preis für Übersetzung zuerkannt. Diese Preisentgegennahme ist eigentlich nur durch Asher Reich möglich geworden, der als neuer Jerusalemer Korrespondent der Deutschen Akademie für Sprache und Dichtung begrüßt wurde. Asher Reichs Muttersprache ist tatsächlich die Mameloschе, was auf jüdisch Muttersprache heißt, nämlich Jiddisch. Er hat so schön über eine Jungdichterin gemault als er sie im Fernsehen sah, wie sie in Klagenfurt beim Ingeborg-Bachmann-Wettbewerb etwas vorgelesen hat. Sie war auch in Erfurt bei irgendeiner Veranstaltung mit Riesenauftrieb, Heimat und Landschaft, und dazu lasen junge Schriftsteller irgendeinen Scheißdreck vor. Da hat er sich fürchterlich aufgeregt, weil er sie aus dem Fernsehen nur von vorne kannte, und in Erfurt hat er sie dann im Profil gesehen und fand das einen Beschiß, weil sie ein jüdisches Profil hatte. Er sagte: »Dafür fahre ich extra nach Erfurt. Die ist ja gar keine Schickse! Die sieht ja von der Seite aus wie ich.« Dann hat er über Israel gemeckert. »Die Juden sind wie Mist. Auf die ganze Erde verteilt wirken sie als Dünger, aber auf einem Haufen stinken sie nur.« Das war sehr schön.

In der Kneipe mußte man ihn immer ermahnen: »Nicht so laut.« Er hat mich gerettet, weil er mir einen Gürtel geliehen hat. Ich hatte nämlich meinen feinen Anzug dabei, aber keinen Gürtel, und ohne Gürtel wäre das nichts gewesen. An einem Stehpult während der Dankesrede sich immer die Hose hochziehen? Nein, das hätte keinen guten Eindruck gemacht. Den Gürtel haben wir ihm später nach Israel zurückgeschickt. Er hat zwar gesagt, ich könnte ihn behalten, aber ich bin eben immer korrekt. Ich habe mir die Haare gewaschen, aber es blieb nicht genug Zeit, sie noch mal auszukämmen. Ich habe Verleger Haffmans, der immer gern dabei ist, wenn seine Jungs eine Ehrung abstauben, gefragt: »Chef, wie sitzt mein Haar?« Und er hat gesagt: »Korrekt, aber doch ein bißchen pfiffig.« Es war eine wunderbare Veranstaltung. Danach war's fast noch schöner. Wir saßen vor der Kneipe und tranken diesen wunderbaren Elb-Riesling mit Kronkorken. Weil die DDR keine Devisen für Korkeichenkorken aus Portugal oder Spanien hatte, versah sie ihren Wein mit Kronkorken, so daß dieser Wein nie nach Korken schmecken konnte. Der andere Preisträger war Thomas von Vegesack, der Schwede ist, was der Name nicht unbedingt verrät. Er ist Verleger und Verlagslektor in Schweden und bekam einen Preis für seine Verdienste um die deutsche Literatur im Ausland. Er hat in ganz großem Stil die deutschen Großlangweiler wie Uwe Johnson in Schweden heimisch gemacht.

Aber Uwe Johnson hatte den schönsten Nachruf. In der Bild-*Zeitung stand auf der Titelseite: »Deutscher Dichter tot: Rotwein!«*

Bei mir steht dann: »Deutscher Übersetzer tot: Jameson.« Na, egal. Vegesacks Laudator und dessen Frau saßen jedenfalls am Nebentisch, und ich wollte denen von dem wunderbaren Elb-Riesling abgeben, habe mir aber leider nicht gemerkt, wie er hieß, und wie seine Frau hieß, wußte ich natürlich auch nicht. Seine Frau, eine wunderschöne alte Dame, sah mich aus ihren wasserblauen Augen an wie ein Engelchen und sagte: »Nein danke, wir Schweden trinken leider überhaupt nicht.« Damit ist sie natürlich nicht durchgekommen, das war dann doch einen Tick zu dreist.

Aber einen Versuch war's wert. Ich war mal in Schweden auf einer Party, da gab es einen Tisch, der mit Flaschen vollgestellt war. Die hatten alle erdenklichen Farben, aber kein Etikett. Alles Selbstgebrannter, und damit man es überhaupt herunterbekam, gab es dazu das dünne Pripps-Bier.

Wir hielten uns bei anderer Gelegenheit an andere Spirituosen und soffen Dessertwein als Verdünner für den Aquavit. Das habe ich mir erst überhaupt nicht vorstellen können. Dessertwein als Verdünner, als Zerhacker für Aquavit, das war unglaublich schön. Weil mehr Schweden als Norweger da waren, wurde zuerst aus patriotischen Gründen schwedischer Aquavit getrunken, dann norwegischer Aquavit, und dann ist die Gastgeberin mit mir in die Küche gegangen, und wir haben heimlich noch dänischen Aquavit getrunken. Und plötzlich stellten die ganzen Schweden, das war im späten Juni, fest, daß sie letztes Mal nicht ausgiebig genug Weihnachten gefeiert hatten. Sie tanzten, Weihnachtslieder singend, um einen virtuellen Weihnachtsbaum herum. Das war eine Feier von großem Zauber, und Ulla hat gesagt: »Das war ein bißchen einzigartig.«

Als Carola Rönneburg, TOM und ich unser Weihnachtsbuch fertig hatten, haben wir das auch mal gemacht. Bei 35 Grad im Schatten gab es eine Weihnachtsgans, Weihnachtslieder, Geschenke, und einen Weihnachtsbaum hatten wir auch. Allerdings aus Plastik. Und es gab jede

Menge fette Zigarren, und da ist es ein Vorteil, wenn man im Sommer Weihnachten feiert. Da kann man das Fenster aufmachen.

Oder draußen rauchen. Wenn man im Nieselregen auf dem Balkon sitzt und raucht, lernt man die wirklich interessanten, angenehmen Menschen kennen. Zum Beispiel denjenigen, der das Tetra Pak erfunden hat. Er ist Oberflächenchemiker und erfindet Oberflächen, und er hat erfunden, daß du deinen blöden O-Saft in einer Verpackung kaufen kannst, die außen aus Pappe besteht und innen eine Beschichtung aus Plastik hat. Aber die Pappe ist nicht etwas mit Plastik beschichtet, sondern das Plastik ist ein völlig unabhängiger Sack.

Dieser Raucher im Nieselregen auf dem Balkon hat erfunden, daß das Plastik, welches den O-Saft umschließt, Pappe liebt und sich deshalb so an sie anschmiegt?

Ja, denn wären Pappe und Plastik aneinander geleimt, dann wäre das giftig. Ist es aber nicht. Da fällt mir übrigens ein Witz ein. W.C. Fields, schwerst verkatert am Tresen, bestellt einen Gin, und der Barmann sagt: »Mit Tonic?« »Nein«, sagt Fields, »zu laut.«

Als wir in New York waren, liefen wunderschöne Alka-Seltzer-Fernsehspots. Wir hatten einen Aluminium-Fernseher, schwarz-weiß und ganz leicht stromlinienförmig. Er sah aus wie der Silverstreak, dieser legendäre Wohnanhänger. Der Silverstreak hat gegenüber anderen Wohnanhängern den Vorteil, daß er außen größer ist als innen. Alle Wohnanhängerbesitzer prahlen doch damit, daß ihrer außen kleiner ist als innen. Außen sieht er nach nichts aus, aber innen hast du den Eindruck, du betrittst eine Vierzehnzimmer-Villa. Das ist beim Silverstreak überhaupt nicht der Fall. Der sieht außen riesig aus, aber innen kannst du nur mit eingezogenen Schultern liegen und mit eingerolltem Arsch kacken. Aber er sieht ungeheuer klasse aus. Und so sah unser Fernseher auch aus, und alles, was in diesem Schwarz-weiß-Fernseher zu sehen war, sah toll aus. Der hatte sogar angetäuschte Heckflossen. Und Aluminium kann nie rosten. Die heutigen Fernseher sind alle aus Plastik und können sowieso nicht rosten, die können nur kaputt gehen, und dann kann man den Fernseher wegschmeißen. Aber bei dem hatte ich den Eindruck, daß selbst ich mich, wäre er mal kaputt gegangen, hätte unter ihn legen und ein bißchen dran rumschrauben können.

Unser erster Fernseher war aus Holz, Buchenimitat, aber mit Fernbedienung. Die war durch ein Kabel mit dem Fernseher verbunden, hatte drei braune eckige Knöpfe, die wie Schokoladenstücke aussahen, und zwei Rädchen für hell dunkel und laut leise. Es gab damals zwei Programme, die der Fernseher jedes Mal aufs Neue suchen mußte. Er hatte Ziehharmonikatüren, und wenn die geschlossen waren, sah er angeblich wie eine Kommode aus. In Wirklichkeit sah er aus wie ein Fernseher mit Ziehharmonikatüren. Und zum Reparieren, wie dein Aluminiumfernseher, lud er auch nicht gerade ein.

Wir haben das gute Stück mit Mike gekauft. Er hat gesagt, für meine ausländischen Freunde möchte ich gerne einen guten, gebrauchten Schwarz-weiß-Fernseher. Da wußte der Mensch sofort, was Mike meinte, und wir haben das schönste Stück bekommen. Das Programm war sowieso immer sehr gut, aber man hätte ihn auch ohne Programm einfach anstarren können, so gut sah er aus. Damals gab es zwei wunderbare Commercials: Knast, Folsom Prison, die ganzen Klischee-Jailbirds mit zusammengewachsenen Augenbrauen. Sie kriegen ihren Fraß in Aluminiumtellern durch die Gitterstäbe gereicht, und jeder probiert ein bißchen, und dann fahren sie mit ihren Blechtassen an den Gitterstäben entlang: Rrrt, rrrt, rrrt. Man denkt gleich an Knastrevolte, aber dann skandieren sie: Alka-Seltzer, Alka-Seltzer, Alka-Seltzer, Alka-Seltzer. In einem anderen Spot ißt ein verfetteter italienischer Jüngling, dem seine Mama Spaghetti mit Fleischklößchen auf den Tisch knallt, eines dieser Fleischklößchen und sagt: »Oh, the spicy meatballs.« Und aus dem Hintergrund hörst du: »Akzent! Meatballs, die zweite.« Und dann tut ihm seine italienische Mama wieder Meatballs auf die Spaghetti, und er frißt wieder einen Meatball und sagt: »Oh, dose spicey meatse ballse.« Im Off sagt die lakonische Stimme: »Okay, Meatballs, die dritte.« Sie tut ihm wieder Meatballs auf die Spaghetti, er frißt wieder einen Meatball und sagt: »Oh, dose spicey meatballse.« Und jetzt denkt man, daß es wirklich perfekt war, doch dann fällt im Hintergrund die Küchenuhr herunter. Und die lakonische Stimme im Off sagt: »Okay, let's break for lunch.« Und dann: »Alka-Seltzer.« Das waren ganz schön große Fleischklöpse. Den Spot hätte man mit dir drehen müssen, so schnell wie du essen kannst. Da wären sieben Klopse in dem Spot untergebracht worden. Da hätten sich die Autoren natürlich noch ein bißchen anstrengen müssen, um weitere Katastrophen zu erfinden.

Ich esse überhaupt nicht schnell. Du redest nur soviel beim Essen, da kommst du nicht nach. Dafür bist du beim Guinness schneller. Es gab übrigens mal einen netten Guinness-Werbespot. Da blieb der Bildschirm eine halbe Minute lang dunkel, und als man schon am Fernseher herumfummeln wollte, ging die Kamera zurück, und man merkte, daß man auf einen Quadratzentimeter eines Guinness-Glases gestarrt hatte. Dazu sagte eine tiefe Stimme: »Die letzten dreißig Sekunden Dunkelheit wurden ihnen von Arthur Guinness ins Haus gebracht.«

Nicht schlecht, aber der Werbespot aus der Zeit der Trockenrasierer mit Akku ist noch besser. Nachdem sie eine Bank überfallen haben, reiten lauter Bad Guys mit schwarzen Klamotten auf schwarzen Pferden aus der Stadt, alle unrasiert. Lauter Good Guys, rasiert, mit weißen Klamotten und auf Schimmeln, verfolgen sie, und einer der Bad Guys pariert sein Pferd, versteckt sich hinter einem Baum, holt seinen Trockenrasierer mit Akku heraus und rasiert sich. Und dann kommen die Good Guys, rasiert und mit weißen Klamotten auf Schimmeln und fragen ihn: »Where did the bad guys go?« Und er sagt, in eine falsche Richtung zeigend: »They went that-away.«

Mein Freund Jer O'Leary, der Schauspieler ist, hat mal in einem Werbespot für die irische Lotterie mitgespielt. Er sitzt an der Theke, links und rechts neben ihm zwei andere Männer, und alle drei haben ein volles Guinness vor sich stehen. Im Fernseher in der Ecke läuft gerade die Ziehung der Lottozahlen, und die beiden Typen links und rechts von Jer springen jubelnd auf und rennen aus der Kneipe. Jer bleibt sitzen. Schluß. Nach einer Woche haben sie den Spot abgesetzt, weil bei Umfragen herauskam, daß 75 Prozent der Befragten das für eine Guinness-Werbung hielten und sich mit Jer identifizierten, der im Gegensatz zu den beiden Knalltüten nicht sein volles Bier stehenließ. Aber wir wollten doch eigentlich über deinen Johann-Heinrich-Voß-Preis für Übersetzung reden.

Ja, das war wie gesagt am 1. Mai 1999, und am 2. Mai 1999 war es fast noch interessanter, da bin ich nämlich in die Jury nachgerückt, die den Chor auswählte, der am schönsten das Lindenstraßen-Thema singen konnte. Auf der Bundesgartenschau in Magdeburg – durch die Veranstaltung führte Dagmar Frederic, ein Ostzonen-Schlachtroß und eine sehr bewährte Kraft, Schlagersängerin und Moderatorin. Selbst dieser alte Profi brach in unkontrolliertes Gelächter aus, als sie das Kuvert öffnete und die Urkunde herauszog. Darauf stand, daß der Chor eine Reise nach Magdeburg gewonnen hatte.

Wie bist du denn in diese Jury geraten?

Ich hatte mich für den Posten dadurch empfohlen, daß ich früher im Oberstufen-Chor gesungen habe, und zwar die Matthäus-Passion von Heinrich Schütz. Ein anderes Jury-Mitglied war der Frontmann der »Prinzen«, und die waren ja alle mal Thomaner, und der sagte: »Mensch Meier, Heinrich Schütz, wir haben nur immer Bach und Händel gesungen. Schütz war uns zu kompliziert.«

Bist du nicht auch in irgendeiner Kasseler Jury?

Ich bin in der Jury des Kasseler Literaturpreises für grotesken Humor, und daraufhin wollten wir, um ein Zeichen zu setzen, auch einen Dramatiker küren, weil der Kasseler Literaturpreis für grotesken Humor sehr viel älter und ehrwürdiger ist als dieser neue, vom neuen CDU-Oberbürgermeister gestiftete. In der engeren Wahl waren übrigens Rolf Hochhuth und die Herren Gerhard Schröder und Udo Lindenberg. Da meinten mein Mit-Juror Ingomar von Kieseritzky und seltsamerweise auch Herr Heise, und ich auch: »Gut, dann nehmen wir Peter Hacks!« Da war aber die Säuernis groß, und unser Jury-Vorsitzender, Professor Doktor Walter Pape, Ringelnatz-Herausgeber, sagte, falls Peter Hacks gewählt werden sollte, könne er zwar nichts dagegen machen, aber dann stünde er als Vorsitzender der Jury nicht mehr zur Verfügung. Wir sind ganz schön erschrocken, wählten aber doch stramm Hacks. Wir haben dann allerdings gegen George Tabori verloren. Dazu fiel mir ein: »Wie schön, endlich mal ein Preisträger, der seine Laudatio nicht versteht.«

Du sagtest, in letzter Zeit häufen sich die Ehrungen. Was gab es noch?

Ich habe die Goldene Schallplatte für die sechs »Pu der Bär«-CDs bekommen. Nicht genug damit, daß ich diese geschmackvolle Kleinplastik habe, sondern für 250.000 verkaufte Exemplare habe ich obendrein die Goldene Schallplatte bekommen. Früher bekam man sie nur für eine Million, aber weil die Leute keine Tonträger mehr kaufen, sondern sich alles schwarz brennen, ist das in Deutschland inzwischen auf 250.000 heruntergesetzt worden. Auf diese Weise hat mein Freund Bill Ramsey keine Goldene Schallplatte, weil man damals noch eine Million verkaufen mußte, und sein größter Hit »Souvenirs, Souvenirs« hat nur 700.000 Exemplare geschafft. Stell dir das mal vor, ich habe eine Goldene Schallplatte, und Bill Ramsey nicht. Da ist überhaupt nichts falsch im System, ich bin ganz einfach erfolgreicher. Ich habe mich auch erbötig gemacht, ihm meine Goldene Schallplatte zu zeigen, damit er weiß, wie so etwas aussieht. Diese Goldene Schallplatte wurde mir am Kein & Aber-Stand auf der Frankfurter Buchmesse überreicht, und dabei habe ich zahllose Interviewwünsche befriedigt, insgesamt fünf.

Ich weiß, ich war dabei. Gegenüber, am Antje-Kunstmann-Stand, spielten Wiglaf Droste und die Spardosen. Plötzlich kam Rudolf Scharping vorbei, und Wiglaf zeigte auf ihn und rief: »Leute, wenn ihr Bombenstimmung wollt: Das ist euer Mann!« Da hat sich Scharping schnell wieder verdrückt. Hast du dir deine Goldene Schallplatte zuhause an die Wand gehängt?

Ich bin bei den lieben Menschen, bei denen ich in Frankfurt im Keller pennen durfte, das waren Iwan und Ingrid Daskalow, die hiermit noch mal besonders herzlich gegrüßt sein sollen, mitsamt meiner Goldenen Schallplatte in der selben Nacht die Kellertreppe hinuntergefallen, habe sie aber mit meinem Körper aufgefangen. Ich hatte während der Buchmesse einen Gig, zwei Stunden live im Hessischen Rundfunk, und meine Wirtsleute Iwan und Ingrid Daskalow haben zufällig diese Sendung im Autoradio gehört. Sie hatten aber ein bißchen zu spät eingeschaltet, so daß sie die Einleitung verpaßten, in der ich sie als liebe Menschen bezeichnete. Sie hörten nur die Geschichte, wie ich bei ihnen die Kellertreppe hinuntergefallen bin. Nach der Sendung bin ich zurück in mein Quartier, die Kellertreppe runter, ohne hinzufallen, und da lag auf meinem Kopfkissen ein beleidigter Zettel: »Du Arschloch, hoffentlich bist du diesmal auch die Kellertreppe hinuntergefallen. Guten Appetit und schlaf gut!« Daneben lagen zwei Stück Kuchen. Sie waren noch wach, also bin ich die Kellertreppe wieder hoch, und auf die Weise wurde es dann doch wieder früh. Aber danach bin ich die Kellertreppe schon wieder nicht hinuntergefallen. Ich bin einmal diese Kellertreppe hinuntergefallen, ich weiß jetzt, wie es ist, ich habe es genossen. Das sind Sachen, die man nur einmal macht. Die meisten Fehler macht man zweimal, aber das ist ein Fehler, den ich nur einmal gemacht habe.

Da hattest du aber den Elch noch nicht, den du neuerdings immer am Revers trägst. Sonst wärst du ja gleich mit zwei Preisen die Kellertreppe hinuntergefallen.

Den »Göttinger Elch« habe ich im Januar 2001 erhalten. Das ist der erste Preis, über den ich mich gar nicht freuen kann. Ich habe ihn am Jackett, aber ich freue mich nicht darüber, denn meine Vorgänger sind Giganten: Robert Gernhardt, Chlodwig Poth und Gerhard Polt. Verglichen mit denen bin ich B-Jugend Kreisklasse.

Na, na, na.

Doch, doch, doch. Mein einziger Trost ist, daß ich beratende Stimme in der Jury habe, die den nächsten »Göttinger Elch« verleihen wird, und da kann ich dann mithelfen, solche drastischen Fehlentscheidungen wie in meinem Fall zu verhindern. Als nächstes muß natürlich eine Frau ran, das wird schwierig, da muß man höchstwahrscheinlich Marie Marcks nehmen. Simone Borowiak läßt sich gerade zum Mann umbauen und scheidet daher leider aus. Und Elke Heidenreich hat genug Preise. Schließlich kann man nicht schon wieder jemand von der »Neuen Frankfurter Schule« nehmen, deswegen war ich ja auch überdeutlich ein Verlegenheitskandidat – endlich mal jemand, der nicht zur »Neuen Frankfurter Schule« gehört. Morgens beim Frühstück, nach der Verleihung, sagte Gerhard Polt: »Kalt is draus, des miasma ausnützen, bleima herinn.«

Das ist fast so schön wie der Kommentar meines Freundes Aribert, wenn ich über den Regen lamentiere: »Hab dich nicht so, das meiste geht doch daneben.« Polt sitzt doch inzwischen in Bayern im Gemeinderat, oder?

Ja, wahrscheinlich für die Grünen. Polt erzählte, daß er in dem bayerischen Kaff, in dem er wohnt, mal wieder sein Lieblingsprojekt vorgetragen habe, nämlich eine Verkehrsberuhigung, dreißig Stundenkilometer, worauf der Bürgermeister antwortete: »Diese Idee ist für sich genommen zwar brillant, aber manchmal pressiert's halt.«

Polt war ja auch bei deiner Preisverleihung auf der Buchmesse.

Jaja. Als mir die Goldene Schallplatte auf der Buchmesse verliehen wurde, setzte sich Polt dazu und sagte: »Reschpekt! Reschpekt!« Der sagt eigentlich immer nur: »Reschpekt!« Das war sehr schön. In Göttingen, angesichts des Elchs, hielt er sogar noch eine kleine Laudatio auf mich, und nun rate mal, was er da gesagt hat?

Reschpekt!

Ich meine außer »Reschpekt!« Er hat mir die Würdelosigkeit empfohlen. Ich sollte die Würdelosigkeit ein bißchen pflegen, weil viele Menschen durch Ehrungen gebrochen werden. Das sollte ich mit mir nicht machen lassen, sondern weiterhin so würdelos sein, wie ich bisher gewesen bin. Das finde ich einen guten Gedanken: Man soll Ehrungen in Würdelosigkeit ertragen können.

Warum trägst du den Elch denn am Revers, wenn du dich über den Preis gar nicht gefreut hast?

Der Preis, ein Elch mit Broschenverschluß, wird für alle Zeiten links am Revers meines Angebersakkos stecken, weil es ein sekundäres männliches Geschlechtsmerkmal ist, daß man Broschenverschlüsse nicht aufkriegt. Der Elch ist aus Sterlingsilber, und schließlich gab es noch neunundneunzig Dosen Elchsuppe. Polt sagte: »Das Zeigl is genießbar, wenn man recht einen Rotwein dazugießt.« Und Chlodwig Poth, der nie was sagt, sagte: »Cognac!«

Mit Vincent Klinks taz-*Suppe kann sie nicht mithalten. Wer hat denn die Elchsuppe verbrochen?*

Alles, was im Zusammenhang mit dem »Göttinger Elch« Geld gekostet hat, wurde von der Mercedes-Generalvertretung in Göttingen bezahlt.

Wegen des mißlungenen Elchtests?

Das ist richtig. Viel hat es sie nicht gekostet. Die 5555 Mark und 55 Pfennig haben sie in Münzen bezahlt. Ich besitze ja keine Scheckkarten und für den bargeldlosen Zahlungsverkehr bin ich auch zu blöd, aber da dachte ich, ein Scheck oder ein paar Scheine hätten es auch getan. Ein Hanfsack mit 5555 Mark und 55 Pfennigen ist gar nicht so schön.

Dann habe ich ja noch den Brüder-Grimm-Preis der Stadt Hanau in Empfang genommen. Die Oberbürgermeisterin Margret Härtel (CDU), inzwischen eine alte Duz-Freundin von mir, hat mir die Urkunde überreicht und die Hand geschüttelt. In meiner Dankesrede sagte ich: »Frau Oberbürgermeisterin, meine Damen und Herren, geliebte Jury. Das war der bisher dritte Politikerhändedruck, den ich genossen habe, aber ihre Vorgänger waren auch nicht von schlechten Eltern. Ich zähle sie mal auf, ohne jede Wertung und streng alphabetisch: Willy Brandt und Fidel Castro.« Bei der Gelegenheit habe ich mich auch gleich mit Dr. Wolfgang Hamberger, dem damaligen Oberbürgermeister von Fulda, ebenfalls CDU, angefreundet. Wir drei sind praktisch gar nicht mehr auseinanderzuhacken. Dr. Wolfgang Hamberger konnte wegen irgendeiner Finte in der hessischen Gemeindeordnung nicht wiedergewählt werden. Er war vierundzwanzig Jahre lang Bürgermeister, und in der hessischen Landesverfassung steht, daß man, wenn man vierundzwanzig Jahre Oberbürgermeister war, nicht wiedergewählt werden kann. Gegen den traten nur Zählkandidaten auf, und wenn er mal 86 Prozent bekommen hatte, fühlte er sich als Versager und drohte, nicht mehr zu kandidieren, wenn die Stadt das nicht honoriere. Wenn ich lese, wie sich Wolf Biermann damit brüstet, daß er vor CSU-Häuptlingen am Kamin in Wildbad Kreuth in seine Klampfe gegriffen hat, kann ich mit meiner CDU-Connection nur sagen: »Ick bin all dor.«

Man hat lange nichts Nettes mehr von Wolf Biermann gehört.

Das letzte Angenehme, was ich von ihm gelesen habe, war das Transkript eines Stasi-Tonbandes, welches in seinem Schlafzimmer aufgenommen worden war, und da hat mich der Schluß so entzückt: »Beischlafgeräusche, danach Ruhe im Objekt.«

Woran man merkt, daß Biermann Nichtraucher ist. Bei deiner letzten Ehrung war ich ja gestern dabei, in Kenny's Bookstore in Galway, wo du in die Ehrengalerie aufgenommen worden bist.

Wenn nicht mein Foto demnächst in Kenny's Bookstore hinge, könnte ich mit Fug sagen, daß es seit dem Elch mit den Ehrungen plötzlich aufgehört hat, daß es ist wie abgeschnitten. Das ist so ähnlich wie mit meinem Fallrückzieher. Ich habe mal ein Tor durch Fallrückzieher erzielt, das war auf einer Klassenreise nach Lüneburg, Hösseringen und Celle. Und in Hösseringen in der Jugendherberge nächtigte noch eine andere Klasse aus Hamburg-Billstedt – und zwar mit ausschließlich schönen Mädchen, was man ja selten hat. Damals war die Koedukation schon weitgehend eingeführt, so daß es keine reinen Mädchenklassen mehr gab. Das war schon eine Seltenheit, und dann noch ausschließlich Schönheiten. Da habe ich mich in eine Frau mit einem rotem Pferdeschwanz bis auf den Arsch verknallt. Sie hieß Heidemarie von Borstel. Sehr viel später hat sich dann herausgestellt, warum das eine Klasse mit ausschließlich schönen Mädchen war. Das war eine Sonderschulklasse für minderjährige Mütter. Ist ja klar, daß die Würmer nur in die süßen Kirschen gehen. Ihr Vater war in Billstedt Rohproduktenhändler, das heißt, er betrieb einen Schrottplatz. Damals haben wir uns irgendein Länderspiel im Radio angehört und waren alle vom Fußballfieber befeuert, und da habe ich, um Heidemarie von Borstel zu beeindrucken, das erste und einzige Tor meines Lebens mit Fallrückzieher geschossen, auf so einem nachgemachten Thingplatz. Den hatten die Nazis angelegt, weil sie dachten, die alten Germanen hätten sich da immer getroffen und dann einen Thing abgehalten. Völliger Blödsinn. In einem Halbkreis standen lauter Steine herum, weil die Nazis sich vorgestellt haben, das Parlament sieht so ähnlich aus wie unseres: Vorne ein großer Stein, der Führer, und ringsherum ist Hösseringen. Da hätte nie ein Gemeindevertreter drauf sitzen können, so spitz wie diese Steine waren. Aber das war das Demokratieverständnis der Nazis. Auf jeden Fall war auf diesem angeblichen Thingplatz, der nie ein Thingplatz gewesen war, genug Platz zum Fußball spielen, und damit auch genug Platz für mein Tor durch Fallrückzieher. Ich weiß nicht, ob Heidemarie von Borstel den Fallrückzieher je gesehen hat, aber ich nehme es schon an.

Hat es dir etwas genützt?

Bei Heidemarie von Borstel konnte ich überhaupt nicht landen, dazu war unsere Klassenlehrerin Else Siems viel zu verknallt in mich. Die war während der Nazizeit nach Kuba emigriert, was man daran merkte, daß sie mit Recht wegen unserer Blödheit manchmal einen Temperamentsausbruch hatte und tobte: »Ay, caramba!« Neulich hat mich auf dem Isemarkt in Hamburg-Eppendorf eine wildfremde Dame angesprochen: »Sie sind doch Harry Rowohlt?« Ich habe gesagt: »Ja!« Und sie hat gesagt: »Sie waren der Lieblingsschüler meiner Großtante.« Da habe ich gesagt: »Das kann doch nur Else Siems gewesen sein.« »Ja«, sagte sie, »sie hat uns immer wieder mit Ihren Heldentaten gelangweilt.« Dabei hab ich nie etwas gemacht, nur hin und wieder eine offenbar brillante Antwort gegeben und war ansonsten der zweitschlechteste Schüler in der Klasse. Aber ihr hat das offenbar gefallen, und deshalb hat sie sich zwischen mich und Heidemarie von Borstel geworfen, weil sie Besseres mit mir vor hatte, Höheres, Größeres.

Behältst du deine Badelatschen an, wenn wir jetzt in den Pub gehen?

Ich trage keine Badelatschen, ich trage Flip-Flops.

Flip-Flops?

Ja. Die Schuhe, die ihren Namen sagen können. Tut mir furchtbar leid, aber wenn ich in Griechenland bin, sind diese Gummilatschen das Einzige, das einen überall hinträgt. Guck dir doch den guten alten Vietcong an. Was hatte der an den Füßen? Gummilatschen. Aus Autoreifen zurechtgeschnitten. Als ich noch Jet-Setter war, habe ich einen Schuhmacher gesehen, der Flip-Flops herstellte. Leider war ich mit einem Fotografen unterwegs und hatte keine Zeit. Aber da hätte ich mir die absolut Original Vietcong-Badelatschen anfertigen lassen können, nicht die gewöhnlichen Badelatschen, sondern Flip-Flops. Aber ich fand das dann pietätlos. Oder, wie ich immer sage: »Das letzte Mal, daß jemand die Knochen hingehalten hat für etwas, was ich gut fand, war das der Vietcong. Und seitdem schicke ich nicht mal mehr Menschen zum Brötchenholen vor die Tür, wenn ich das auch selbst machen kann.«

Und was haben meine wunderbaren Flip-Flops gekostet? 2 Mark 98. Ich habe gestern ein neues Paar angebrochen. Wenn Wiglaf Droste maßgeschneiderte Westen trägt, in denen er aussieht wie ein Sessel, kann ich natürlich nicht mithalten. Aber ich habe mir vor Reiseantritt die Fußnägel geschnitten. Es gibt kaum einen erhebenderen Anblick als Füße mit frisch geschnittenen Nägeln in frisch angebrochenen Flip-Flops zu 2,98 DM das Paar. Tut mir furchtbar leid. Außerdem sind sie so schön. Die passen immer besser. Sie sacken so durch.

Diese Perversion mit den Badelatschen ist bei mir noch nicht angekommen.

Weil du zu konservativ bist.

Du trägst die Badelatschen doch nur wegen deiner Entenfüße.

Deshalb trage ich vorzugsweise New Yorker Maßsandalen. In der Bleecker Street, in der auch die Buchhandlung liegt, in der ich das Buch von A.S. Neill entdeckte, das ich dann übersetzte, habe ich mir Maßsandalen schneidern lassen. Was schon mal sein muß, wenn man so unvorteilhaft geschnittene Füße hat wie ich. Als ich das letzte Mal in New York war, habe ich mir wieder mehrere Paar auf Vorrat maßschneidern lassen und dem Chef meine Gürtelschnalle gezeigt, die ich in seinem Laden im Jahre 1970 gekauft hatte. »Ja«, sagt er, »1970 war das Jahr der großen Gürtelschnallen. Ich erinnere mich gut. Damals war meine Frau schwanger. Inzwischen geht die Tochter aufs College.« Er fragte dann, wo man denn essen gehen könne? Seine beiden Mitarbeiterinnen schlugen alle möglichen Restaurants vor, und er lehnte sie alle ab. Eine schlug das »Finelli's« vor, wo es billig und das Essen gut ist. »Nein«, sagte er, »das Essen soll nicht gut sein. Ich will mit meiner Mutter essen gehen, die mag kein gutes Essen. Meine Mutter ist Irin.« »Finelli's« ist übrigens wunderbar. Südlich der Wallstreet, praktisch am Kap von Manhattan, das älteste italienische Restaurant und unglaublich gut. Die lieben einen, wenn man keine Butter zum Brot bestellt. Dann fragen sie einen: »Sind Sie Italiener?« Scheiß-Amis. Schmieren sich immer Stullen.

Das machst du doch auch.

Das ist was anderes. Ich mache mein Gericht zur Stulle.

Selbst zum Steak ißt du Stullen, wenn es sein muß!

Nein, das ist einfach nicht wahr. Das Steak esse ich mit Messer und Gabel. Nur wenn ordentliches Weißbrot zum Gericht gereicht wird, benutze ich das natürlich als Brot. Ich mache mir aus Weißbrot keine Stulle. Schon gar kein Sandwich. Ich esse das Brot dazu.

Meinetwegen. Aber um noch mal auf deine Entenfüße zurückzukommen: Sind Badelatschen da nicht Gift? Solltest du nicht besser Gesundheitslatschen tragen?

Da fällt man so leicht hin. Unsere Freundin Tink hat mal bei uns an der Tür geklingelt, als sie und Ebi noch unsere Nachbarn waren. Tinks Klingeln erkennt man unter Tausenden, und deshalb habe ich mich beeilt, aber ich war gerade zufällig besoffen und hatte hölzerne Gesundheitslatschen an. Ich bin auf unserem langen Korridor gestrauchelt und mit dem Kopf gegen die Wohnungstür geknallt. Aber ich habe Tink dennoch die Tür geöffnet, denn nur darauf kam es schließlich an. Meine Brille war kaputt gegangen, in meinem rechten Bizeps steckte ein Brillenbügel. Ich wollte ihn rausziehen, aber Tink herrschte mich an: »Laß stecken, sieht doch gut aus!« Als Tink und Ebi unsere Nachbarn waren, hatten sie immer nachts das Licht an. Einmal kam ich vom Saufen nach Hause und sah, ach, bei Naumanns brennt noch Licht, und habe geklingelt. Ebi machte schlaftrunken auf, hatte obenrum was an, untenrum aber nichts, und sagte: »Mmhh, mmhhrrr, mmhh, wir schlafen gerade.« Da hatte selbst ich das geschnallt, daß es überhaupt nichts zu bedeuten hatte, wenn bei denen nachts das Licht brannte. Als meine alte Freundin Renate Rosenthal, die inzwischen in München bei Burda Chefredakteurin von *Elle* ist, mal nach Hamburg zu Besuch kam, war ich mit ihr noch einen heben. Ich nahm sie mit nach Hause, um privat weiter zu saufen, und habe kurz bei Ebi und Tink geklingelt. Die Rosenthal sagte: »Du kannst doch um diese Zeit nicht mehr bei Leuten klingeln.« Ich habe gesagt: »Ich will dir nur ganz schnell Ebis Tütenpimmel zeigen. Das geht ganz fix.« Und dann kam Ebi, der wie immer obenrum was anhatte und untenrum nichts: »Mmhhhhh, wir schlafen, morgen gern wieder.« Ich sagte nur: »Du kannst gleich wieder ins Bett. Ich wollte der Rosenthal nur eben mal kurz deinen Tütenpimmel zeigen.« Am nächsten Tag klingelte Ebi bei mir und sagte: »Du, ich habe Nacht für Nacht denselben Alptraum. Ich stehe auf einem Riesenplatz, so wie die Piazza San Marco in Venedig, alles voller Leute, und ich bin der einzige, der eine Hose anhat.«

Ist Ebi nicht auch Gründungsmitglied eures legendären Samstag-Stammtisches?

Ja. Ebi lebt immer ein bißchen über seine Verhältnisse. Wir beobachten das mit liebevollem Spott. Gerade jetzt ist er wieder Pleite gegangen. Ebi hat sich einen alten Kindheitstraum erfüllt und einen Porsche gekauft. Ich habe ihm gedroht, daß ich ihm hinten auf seinen Porsche einen Autoaufkleber pappen werde, »Insel Sylt«, aber verkehrt herum. Seitdem versteckt er den Porsche vor mir. Ich habe zwei Aufkleber, einen kleinen und einen großen. Ich habe vor, zuerst den kleinen anzukleben, und wenn er den wieder abgefriemelt hat, kommt zur Strafe der große drauf. Noch schöner wäre natürlich, aber das erfordert Logistik und technisches Verständnis, ihm an den Porsche eine Anhängerkupplung zu montieren. Die bekommt er auch nicht so schnell wieder ab. Ebi hat immer wieder neue Life-Style-Anfälle, dann kauft er sich sündhaft teure Bildbände über Zigarren oder über seltene Weine oder über französische Küche. Einmal haben diese Naumanns ihre Gönner, also Ulla und mich und Anna Mikula, die auch Gründungsmitglied des Stammtisches ist, eingeladen, um die Schulden zurückzuzahlen. Dazu sollte es ein fürstliches, mehrgängiges Essen geben. Als erstes einen fritierten Salat.

Was natürlich Schwachsinn ist: Wenn man etwas roh essen kann, dann Salat. Ebi hat zwölf Packungen Palmin zum Sieden gebracht und feingeschnittenen Rettich hineingetan. Rettich besteht zu 99,7 Prozent aus Wasser, und Wasser hat bekanntlich einen sehr viel niedrigeren Siedepunkt als Palmin. Deshalb gab es eine wirklich sehr gut aussehende Explosion. Die ganze Küche und die halbe Wohnung waren mit einer Palminschicht überzogen. Wir waren ziemlich hungrig angekommen, aber dann haben wir zweieinhalb Stunden lang über den fritierten Salat gelacht und hatten überhaupt keinen Hunger mehr. Tink fand das alles nicht so komisch und sagte zu Ebi: »Kannst du nicht mal Salat machen, ohne daß es zur Performance ausartet?« Das kann Ebi eben nicht.

6. Tag

Lindenstraße

RALF SOTSCHECK: *Ich habe vor langer Zeit einen Anruf von einem Journalisten des Gourmet-Magazins* Essen & Trinken *bekommen, der sich nach deiner Telefonnummer erkundigte, weil er mit dir essen gehen und darüber schreiben wollte. Daraus wurde dann dein Auftritt bei der Lindenstraße.*

HARRY ROWOHLT: Ja. Der Journalist sagte, die Zeitschrift würde jeden Monat einen Prominenten nehmen, der sich innerhalb Europas ein Restaurant aussuchen darf. Er dürfe sich vollfressen und breitsaufen und wird dabei geknipst und interviewt. Ich hab geantwortet, ich sei von Beruf Übersetzer und nicht Promi, und ich kann mir mein Mittagessen immer noch selbst bezahlen. Da hat Ulla gesagt, ich hätte das »Akropolis« in der »Lindenstraße« nennen sollen, das liegt innerhalb Europas: »Du hättest deine Ruhe gehabt, und es hätte ein bißchen netter geklungen.« Da habe ich ihn nochmal angerufen und gesagt, mir sei jetzt doch ein Restaurant innerhalb Europas eingefallen, das Akropolis in der »Lindenstraße«. »Hui, das wird schwer werden«, meinte er. Aber drei Tage später rief er mich an und sagte, das Lindenstraßen-Team freue sich auf unseren Besuch. Da hatte ich also verloren und mußte mit. Wir haben beide 100 Mark Komparsen-Geld bekommen und sind auch tatsächlich im »Akropolis« zu sehen. Ich von hinten, er von links. Wir hatten zusammen nur einen griechischen Bauernsalat, weil wir nicht wußten, daß man sich in der Kantine eintragen muß, und schoben inzwischen einen Wahnsinnskohldampf. Für die laufenden Aufnahmen waren dann vier Takes erforderlich. Wir haben uns immer auf die acht schwarzen Oliven gestürzt, die auf diesem Bauernsalat waren. Nach jedem Take wurde der Salat wieder abgeräumt und es kamen neue Oliven drauf. Auf diese Weise hatten wir dann acht mal vier durch zwei, also sechzehn schwarze Oliven gefressen und immer noch Kohldampf. Zum Abschied sagte die Pressetante, die uns durch sämtliche Studios führte, zu mir: »Schönen Gruß von Herrn Geißendörfer und den beiden Drehbuchautorinnen, die alle begeisterte Leser Ihrer Kolumne ›Pooh's Corner‹ in der *Zeit* sind. Wenn Sie Lust haben, schreiben sie Ihnen auch eine kleine Rolle rein.« Da habe ich gesagt: »Dann aber bitte einen Penner. Das ist die einzige Randgruppe, die in der Lindenstraße noch nicht vorgekommen ist.«

Ich habe die Lindenstraße zum ersten Mal gesehen, als die 400. Folge lief. Damals flog mich die ARD nach Köln ein, weil sie jemanden wollten, der die Lindenstraße noch nie gesehen hatte und zur Jubiläumssendung darüber für das ARD-Magazin schreiben sollte. Die Pressesprecherin raufte sich die Haare, weil ich nie wußte, ob sie von den Schauspielern oder ihren Filmrollen sprach. Dann hat sie mich erstmal ins Archiv gesetzt, und das ist wirklich beeindruckend. Da sind sämtliche sozialen Themen und Randgruppenauftritte akribisch aufgelistet. Du bist ja inzwischen schon eine ganze Weile dabei und in dem Archiv gut vertreten.

In der *Bunten* stand, ich hätte vier Auftritte gehabt, und das in fünf Jahren. Daß ich fünf Jahre dabei bin, habe ich daran gemerkt, daß mir der Münchner Lindenstraßen-Club zur fünfjährigen Betriebszugehörigkeit gratuliert hat. Ich hätte sonst gedacht, es wären zweieinhalb Jahre. Das hat natürlich den großen Nachteil, daß man inzwischen von 7,4 Millionen Deutschen auf der Straße erkannt wird, so daß ich überhaupt nicht mehr auf Volksfeste gehen kann und mich in der Öffentlichkeit immer mustergültig betragen muß.

Was dir bestimmt ziemlich schwer fällt.

Wenn ich auf Tingeltour bin und morgens schwerst verkatert und unausgeschlafen im Speisewagen sitze, dann will ich nicht von Leuten angequatscht werden, die mich alle Harry nennen. Das ist nicht schön. Ein Speisewagenkellner sagte mal zu mir: »Ich bin gleich bei Ihnen, Herr Geißendörfer!« Dabei weiß niemand, wie Geißendörfer aussieht. Beim normalen Lindenstraßen-Fan hält sich hartnäckig das Gerücht, daß Geißendörfer wie Harun al Raschid aussieht und unerkannt als Penner mitspielt. Das gehört inzwischen zu den deutschen Trivialmythen.

Wie sind denn die Kollegen in der Lindenstraße, sind sie nach so langer Zeit im Privatleben überhaupt noch von ihren Rollen zu unterscheiden?

Der Typ, der in der Lindenstraße den »Akropolis«-Wirt spielt, ist auch in Wirklichkeit ein linker, griechischer Wirt. Der Schauspieler, der den schwulen Carsten Flöter spielt, ist wirklich schwul. Sogar der Hund der Familie Beimer wurde von einem echten Hund gespielt.

Machst du dir deshalb Sorgen, daß du irgendwann auch im echten Leben zum Penner wirst?

Nein, ich mache mir Sorgen um Knut Hinz, der in der Lindenstraße stottert. In Wirklichkeit stottert er nämlich nicht. Der arme Mann, der auch am Theater spielt, sollte einmal einen Angeklagten mimen, der verhört wird. Er legte das ein bißchen stockend an und sofort brüllte ihn der Regisseur an: »Sie sind hier nicht in der Lindenstraße!« In der Lindenstraße wird nach Typ besetzt. Immer wieder wirken Amateure mit, die unglaublich gut sind. Mir ist dabei auch aufgefallen, was das Geheimnis großer Schauspielkunst ist.

Nämlich?

Wenn Will Quadflieg Brechts »Kinderkreuzzug« so deklamiert, daß ich flennen muß, dann ist das noch keine Leistung. Das kann man schließlich von einem Schauspieler verlangen. Aber wenn Schauspieler so gut sind, daß man gar nicht merkt, wie gut sie sind, das ist es! Dieser Standard wird bei der Lindenstraße fast durchweg erfüllt. Ich bin immer wieder völlig baff. Viele wirken seit Kindertagen mit, haben in der Serie als Baby angefangen, sind nie Schauspieler gewesen, so wie Moritz Sachs alias Klausi Beimer. Ich habe ihn mal gefragt, ob er Lust hat, meinen Text abzuhören. Er warf einen Blick auf die Seite und sagte: »Ja gut, fang an.« Er hat ein eidetisches Gedächtnis entwickelt, er braucht nichts mehr auswendig zu lernen. Er guckt auf ein DIN-A-4-Blatt voller Text, und schon kann er ihn auswendig. Nicht nur seine Rolle, auch alle anderen. Er sagt, auswendig lernen muß er nur, wenn er tatsächlich mimen muß, weinen oder sonst was. Es ist eine schöne Spezialtugend, die er sich auf diese Weise angeeignet hat. Davon abgesehen, schimpft er furchtbar, daß er um seine Kindheit und Jugend betrogen worden sei und fährt auf die Galápagosinseln, wo ihn niemand kennt.

Ja, aber mit einem Reporterteam von Frau im Spiegel.

Tja, so ist das mit den jungen Leuten. Ich habe mal Andreas Habermaier, den Produktionsleiter, gefragt, ob von uns erwartet wird, daß wir unsere Autogrammkarten immer dabei haben, weil ich ja ständig angehauen werde. Er fragte zurück: »Würdest du denn deine Autogrammkarten ständig dabei haben wollen?« Ich sagte: »Nein.« Daraufhin sagte er: »Dann wird von dir erwartet, daß du sie nie dabei hast.« Auch deshalb macht es mit der Lindenstraße großen Spaß, und es ist unglaublich familiär. Weil ich nicht immer dabei bin, sondern höchstens zwei Mal im Monat, geht mir diese Herzlichkeit und Liebe, die da unter den Menschen herrscht, bislang noch nicht auf den Wecker. Alle Bürotüren sind offen. Als ich erfahren habe, daß ich möglicherweise bei der Familie Zenker überwintern soll, bin ich an dem Büro vorbei, wo die Storyline-Konferenz tagte, und rief hinein: »Lieber erfriere ich!« Es hat mir aber nichts genützt. Irgendwann hat Geißendörfer mich sinnend angeblickt und gesagt: »Du, Harry, da oide Dibbelbruder, der is mer richtig ans Herz gwachsn. I fänd scho, daß mer die Rolln vädiefn solld.« Da habe ich vor meinem geistigen Auge deutlich ein offenes Bein gesehen. Und genau so kam es. Wie willst du auch sonst die Rolle eines Penners vertiefen? Wenn der glaubwürdig versichert, sich keinen Text merken zu können, muß man anders arbeiten.

Da wird sich die Maskenbildnerin gefreut haben, daß sie endlich mal was an dir machen durfte.

Petra Pitschmann hat angesichts dieser Herausforderung kein Auge mehr zugekriegt. Sie kaufte sich einen Kalbsknochen, ließ ihn von ihrem Hund abnagen und kochte ihn auch noch aus. Dieser Knochen spielte dann mein Schienbein. Ich hatte mir zusätzlich gelbe, wimmelnde Maden gewünscht, aber Petra Pitschmann sagte: »Nee, da brauchen wir einen Tiertrainer. Das lassen wir lieber.« Petra Pitschmann war es auch, die bei meinem Einstand zu mir sagte: »Mit dir mach ich nichts. Du siehst fertig genug aus.« Aber dann hat sie anfangs doch viel an mir herumgemacht. Glücklicherweise gewöhnte sie es sich wieder ab. Sie hat mir immer Vaseline, Kokosfett und Butterschmalz ins Haar geschmiert. Alles, was weg mußte, wurde mir vorsichtshalber erstmal ins Haar geschmiert. Außerdem machte sie mir dreckige Fingernägel mit richtiger Schminke. Die bekommt man mit einer normalen Nagelbürste nicht mehr ab. Ich habe sie beschworen, sie solle das lassen, ich wühle lieber vorher im Blumentopf. Inzwischen macht sie gar nichts mehr an mir. Jetzt höre ich nur noch die eilige Durchsage: »Harry, bitte so schnell wie möglich in die Maske und dann an den Set.« Ich stürme in die Maske. Sie guckt mich prüfend an, streicht mir einmal übers Haar und gibt mir einen Klaps auf den Arsch. Soviel Zeit muß sein. Die Maskenbildnerinnen kauen übrigens immer Kaugummi, um einen reinen Atem zu haben. Sie gehen ja ganz schön nah ran.

Dein Vater hat ja nun Recht behalten, als er deiner Mutter auf seinem Totenbett sagte: »Der Junge wird Schauspieler.« Hast du ein natürliches Schauspielertalent?

Bei der Lindenstraße bin ich einer von insgesamt drei aus dem Ensemble, die weinen können. Wenn andere Kollegen weinen müssen, dachte ich immer, das würde mit Glyzerin besorgt. Aber nein: Man reißt ihnen die Augenlider auf und bläst ihnen mit einem Plastikrohr ins Auge. Davon wird das Auge rot und tränt ein bißchen. Ich schaffe das durch reine Willensanstrengung. Ich habe schon drei Mal in der Lindenstraße geweint. Zum ersten Mal, als sich Sonja, die ehemalige Fixerin, aus Versehen den goldenen Schuß setzt, wozu ihr Doktor Dressler verholfen hat. Wie im richtigen Leben war das einer von vielen ungesühnten Morden. Ich habe einfach daran gedacht, daß Sonja die einzige war, die jemals was Nettes zu mir gesagt hat, nämlich: »Verpiß dich, du Alki!« Schon konnte ich flennen.

Das stelle ich mir nicht einfach vor, bei den Proben und dann beim Drehen ständig zu heulen.

Bei den Proben habe ich natürlich nicht geweint. Aber dann gab es drei Takes mit Kamera, und ich habe jedes Mal stramm geflennt. Es war nur nicht zu sehen, wegen meiner Brille, die sich bei Sonneneinwirkung dunkel tönt. Ich mußte also das Flennen ein bißchen verstärken. Und plötzlich höre ich über Lautsprecher die Stimme des Regisseurs George Moorse, der leider inzwischen gestorben ist: »Cut it out. Could you please leave your fucking lower lip alone!« Sonst hatte er sich immer gewünscht, daß ich mehr chargiere. So sagte er mal im Restaurant »Akropolis«: »Harry, kannst du da hinten am Tresen ein bißchen mehr schmieren?« Ich sagte: »Ich wackle doch schon wie sonst was.« Darauf er: »Harry, Dezenz ist Schwäche.«

Die Serie läuft ja nun schon so lange, daß einige der Schauspieler mittlerweile gestorben sind.

Ja, zum Beispiel Wolfgang Grönebaum. Er spielte den Mann von Else Kling. Wir hatten uns sehr schön angefeindet. Ich sagte zu ihm und seinem stets roten Kopf: »Na, kommste frisch aus der Maske?« Wahrscheinlich hatte er zu hohen Blutdruck, woran er dann auch vor der Zeit gestorben ist. Einmal schnürte er draußen an dem Büro der Aufnahmeleitung vorbei, als ich gerade meinen Darstellervertrag in drei Ausfertigungen unterzeichnete, und sagte: »Na, Harry, unterschreibst du deinen Komparsenvertrag?« Dabei war ich gerade rausgeschrieben worden. Ich sollte für unbestimmte Zeit nach Italien trampen, und es war vielleicht mein letzter Drehtag. So ein Penner kann ja ganz leicht verschollen gehen. Ich hatte ihm vorher eine Flann O'Brien-CD in sein Fach gelegt, live in Winterthur aufgenommen. Der Toningenieur hatte allerdings nicht bedacht, daß man Gelächter und Applaus bei der Aufnahme nicht hören wird. So hörte man an diesen Stellen nur Pausen, was blöd ist. Ich hatte ihn nicht gefragt, wie ihm meine CD gefallen hat, aber er hatte ungefragt geantwortet: »Mein allererster Regisseur war aus Köln, und der hat gesagt, dann machen Sie mal eine gaaaanz lange Pause, und in die legen Sie alles rein.« Jetzt mußte ich ihn also schon zweimal demütigen. Das dritte Mal hat er mich gedemütigt, als er sagte, ich wäre zu fett für meine Rolle. Ich mußte ihn also dreimal zurück demütigen, damit es unterm Strich stimmte.

Wie hast du ihn denn gedemütigt?

Indem ich gesagt habe: »Wenn ich den Bauch einziehe, dann sieht man wenigstens noch, was gemeint ist.« Einmal kam er in die Kantine, er hatte schon das Hemd an, mit dem er spielen sollte. Eine Kostümbildnerin hängte ihm von hinten einen riesigen grünen Schlabberlatz um, damit er das Hemd nicht dreckig machte. Ich sagte zur Kostümbildnerin: »Bei Wolfgang kannst du dir das schenken, den sieht man sowieso immer nur von hinten.« Jetzt hatte ich mich schon zweimal gerächt. Beim Dreh im Restaurant »Akropolis« sagte ich, als ich mich nach Italien verabschiedete: »Ich werde wie weiland Hannibal über die Alpen marschieren. Nur auf die Elefanten muß ich verzichten.« Dem damaligen Regisseur George Moorse schlug ich vor, daß man vielleicht beim Stichwort »Elefanten« einen Kameraschwenk auf Wolfgang Grönebaum machte, denn die Nase und die Ohren dazu hatte er, und nachtragend war er auch. Wir haben das genau so gedreht. Ich sagte: »Nur auf die Elefanten muß ich verzichten«, und habe auf Wolfgang Grönebaum gedeutet. Die Kamera zoomte ihn ran, und er rief: »Hähähä, sehr witzig.« So hatte ich mich schließlich dreimal gerächt.

Wie hast du von seinem Tod erfahren? Aus der Presse?

Nein, die Leute von der Lindenstraße haben mich angerufen, um es mir zu sagen. Ich sollte es nicht aus der Presse erfahren. Sie hatten mitbekommen, wie wir immer in der Kantine die Köpfe zusammensteckten. Wolfgang konnte wunderschöne Schauspieler-Anekdoten erzählen, die meine Mutter auch hätte erzählen können, wenn sie denn erzählen könnte, und wenn sie eine Begabung hätte, etwas zu erleben. Wolfgang und ich haben immer auf Heinz Rühmann geschimpft. Ich sagte: »Ausgerechnet dieser alte Nazi spielt den Schwejk und im ›Narrenschiff‹ einen orthodoxen Juden. Das ist eine Sauerei! Außerdem hat man ihm immer so deutlich angehört, daß er gebürtiger Essener ist.« Wolfgang Grönebaum sagte: »Dem haste nicht nur angehört, daß er aus Essen ist, dem haste Straße, Hausnummer und Etage angehört.« Grönebaum und Marianne Rogée, die in der Lindenstraße die Isolde Pavarotti spielt, haben sich im Schweinestall kennengelernt. Sie machten früher beide Landfunk, weil sie weit und breit die einzigen Schauspieler waren, die westfälisches Platt konnten. Der Landfunk wurde damals live von einem echten Bauernhof übertragen. So war es ganz gut, daß die beiden nicht nur Reporter, sondern auch geschulte Sprecher waren. Sie hatten immerhin gelernt, sich gegen das Gegrunze durchzusetzen. Man kann sich gar nicht vorstellen, daß man westfälisches Platt mit Atemstütze sprechen muß. Es gehört schon ein bißchen was dazu. Marianne Rogée bot mir übrigens zweimal das »du« an. Sie hatte vergessen, daß sie das schon mal gemacht hatte. Da es immer rauschende Feste in der Lindenstraße gibt, vergißt man schon mal was. Beim zweiten Mal fragte sie: »Oder duzt du nicht gern?« Ich sagte: »O doch, ich duze gern und gut.«

Hast du auch privat mit deinen Lindenstraßen-Kollegen zu tun?

Eher wenig. Einmal studierte ich am Kölner Hauptbahnhof das gelbe Plakat »Zugabfahrt«. Eine Hand legte sich mir auf die Schulter, es war die Hand von Martin Rickelt. Er sagte: »Ich habe gerade gehört, daß Gerhard

Schröder, wenn er die Wahl gewinnen sollte, das Amt des Kulturministers einführen will. Dafür gibt es bisher drei Kandidaten: Jürgen Flimm, Günter Grass und Hans Geißendörfer.« Ich sagte: »Na ja, wenn man die Wahl hat zwischen einem Regisseur, der zugibt, Shakespeare nicht inszenieren zu können, was ihn sympathisch macht, aber nichts daran ändert, daß er es tatsächlich nicht kann, einem ständig beleidigten Mahner und einem begnadeten Organisator von Betriebsausflügen, der wunderbar delegieren kann, nämlich hauptsächlich die Organisation von Betriebsausflügen, dann fällt die Wahl ja wohl leicht.«

Inzwischen wissen wir, es ist anders gekommen. Michael Naumann wurde es.

Das fand ich eine prima Wahl. Viele Minister kennt man ja gar nicht. Mike Naumann hätte auch Kanzler werden können, wenn es nach mir gegangen wäre, aber dazu ist er vielleicht ein bißchen zu launisch.

Du erzähltest mal, Geißendörfer habe zu dir gesagt, du sollst nicht so viel saufen, er habe noch Großes mit dir vor.

Ich habe nichts Großes mit mir vor, insofern hätte er sich das schenken können. Ich habe alles erreicht. Vielleicht hängt mein Foto sogar schon in der Ehrengalerie in »Kenny's Bookshop« in Galway, wer weiß? Aber ich schätze, Tom Kenny wird erstmal den Film vollknipsen.

Nein, das Foto hängt, das hat mir Tom vorhin gesagt.

Na bitte! Ist also doch was aus mir geworden. Bei der Lindenstraße habe ich mal bei einem Kindergeburtstag mitgewirkt. Laut Drehbuch fragt mich Beate Sarikakis, ob ich Lust habe, bei einem Kindergeburtstag mitzumachen, und mein Text lautet: »Ich war schon mal Weihnachtsmann, ich war schon mal Erlöser, so einen Kindergeburtstag schmeiße ich doch mit links.« Der Höhepunkt dieses Kindergeburtstags war ein Schokoladenpuddingduell. Das Geburtstagskind und ich kriegten die Augen verbunden und haben einander mit Schokoladenpudding gefüttert. Das war so schön, daß das gesamte Team, das hinter einer dünnen Pappwand stand, laut gelacht hat, so daß die ganzen Höhöhös der Kabelträger zu hören waren. Jedenfalls hat mir das Geburtstagskind meinen rechten Schneidezahn mit einem Löffel rausgehauen. Als wir uns das dann angeguckt haben, stellte sich heraus, daß ich mit meinem Löffel ihren Mund nur ein einziges Mal gefunden hatte. Sie meinen Mund dagegen ständig. Ich hatte ihr den Schokoladenpudding hauptsächlich in die Achselhöhlen geschmiert. Und da habe ich mir gedacht, eines nicht mehr allzu fernen Tages wird sie über ihren Deflorator nachdenken und sagen, es war zwar alles ganz schön, aber irgendwas hat gefehlt, und ich komm und komm nicht drauf, was es ist. Ich könnte ihr dann sagen: »Er hätte dir Schokoladenpudding in die Achselhöhlen schmieren sollen, das wär's gewesen.«

Dein verlorener Zahn war ein klassischer Betriebsunfall. Du könntest den WDR auf viele Millionen verklagen.

Das könnte ich wahrscheinlich. Ich hatte aus gegebenem Anlaß vorher gefragt, woraus denn der Schokoladenpudding hergestellt sei, denn ein paar Drehtage zuvor hatte ich völlig verstört mit schockpinker Leuchtfarbe um Hundescheiße Kreise gesprüht. Ich habe nicht kapiert, warum ich das machte, bis ich die Sendung gesehen habe. Ich wollte ein Zeichen setzen! Jedenfalls spielte als Schuldige eine echte Dalmatinerhündin namens Trude mit, und die Schwierigkeit war, daß sie immer die Hundescheiße fraß, weil die aus Haferschleim mit Speisefarbe hergestellt war. Das war also wieder ein Blick hinter die Kulissen der Glitzerwelt. Deshalb habe ich aus gegebenem Anlaß gefragt, woraus denn der Schokoladenpudding hergestellt sei. Der sah nämlich sehr viel eher nach Hundescheiße aus, aber es war Schokoladenpudding, und nachdem die Sache abgedreht war, bin ich als erstes in die Kantine geeilt und habe mein Mittagessen abbestellt, weil ich noch nie in meinem Leben so viel Schokoladenpudding gefressen hatte.

Als ich meinen Artikel zur 400. Folge recherchierte, fragte mich die Pressesprecherin, ob ich als Komparse mitspielen wollte. Aber dann habe ich im Archiv festgestellt, daß jeder zweite Journalist, der über die Lindenstraße geschrieben hat, als Komparse mitgemacht hat, und so unterschieden sich die Artikel kaum. Wahrscheinlich hat die halbe Republik schon mal als Komparse in der Lindenstraße mitgespielt.

Bei einer Massenszene wurden zweihundertfünfzig Komparsen angeheuert und man hatte sogar einen Cherrypicker ausgeliehen, einen Kran, und deshalb mußte alles beim ersten Mal sitzen: eine einzige Einstellung, in deren Verlauf drei verschiedene Handlungsstränge bedient werden sollten. Dazu spielte auch noch ein behinderter Trompeter, ein Rollstuhlfahrer, den »Tennessee Waltz« vom Blatt. Den zweihundertfünfzig Komparsen war eingeschärft worden, sich so natürlich wie möglich zu benehmen. Auf jeden Fall sollten sie keinen Mucks sagen und nicht in die Kamera gucken. Ich hatte den Bratwurststand unter mir.

Seltsam, daß man einem Penner Nahrungsmittel anvertraut.

Stimmt, das ist seltsam. Eine Komparsin baute sich dann vor mir auf und sagte so laut, daß es auch das schwerhörigste Mikrofon verstand: »Guten Tag, Herr Rowohlt. Ich hätte gern eine Bratwurst.« Ich habe gesagt: »Acht Mark!« Da sagte sie: »Das ist aber teuer.« Ich wieder: »Ist doch für einen guten Zweck. Umsonst gibt es einen Qualster in die hohle.« Das hat man auch prima gehört. Ein anderes Mal ging es um ein »Bürgerbegehren zur Verkehrsberuhigung der Lindenstraße«, weil ein Kind überfahren worden war. Als wir uns den Take ansahen, konnte man überdeutlich einen riesenhaften Lastwagen mit der Aufschrift »Film- und Fernsehzubehör Sowieso Köln-Ehrenfeld« erkennen. Die Regieassistentin schrie auf wegen dieses Lastwagens. Klaus-Peter Witt, der Regisseur, sagte milde: »Dann sehen wir es uns eben noch mal an.« Wieder sah man diesen Lastwagen, und Klaus-Peter Witt sagte: »Also ich kann nichts Böses sehen.«

Aber die Fans sehen alles.

Es gibt unglaublich pingelige Lindenstraßen-Fans. In der Zenkerschen Küche, in der ich einst überwintert habe, gab es einen hell-türkisen Teekessel. Der stand plötzlich auf einer anderen Kochplatte, ohne daß er benutzt worden wäre. Es gab einen Sturm der Entrüstung. Da kann man gar nicht vorsichtig genug sein. Deshalb ist das mit dem Rauchen so eine Sache. Die Zigaretten werden kürzer, und plötzlich sind sie dann wieder länger – Anschlußfehler. Deshalb wird in der Lindenstraße nicht so oft geraucht wie in Wirklichkeit. Das geschieht nicht aus pädagogischen Gründen, sondern wegen des Anschlusses.

Also nicht aus Sicherheitsgründen, wie bei unserer gemeinsamen Lesung im Berliner Schillertheater, wo uns der Hausmeister den ganzen Abend terrorisiert hat, weil wir auf der Bühne rauchten?

Sicherheitsvorschriften gibt es bei der Lindenstraße auch, es gibt da immer und überall Feuerwehrleute, die nichts zu tun haben. In einer Folge haben ich und drei andere Penner sowie Pat, die kanadische Disko-Tusse, ein Feuerchen in einer Einfahrt gemacht, weil es Weihnachtszeit war. Unser Feuerwehrmann kam um zwölf Uhr, aber bis dahin war die Geschichte längst abgedreht. Die Außenrequisite wußte nicht, wie man ein Feuerchen im Freien macht. George Moorse, der Regie führte, sagte: »Da nimmt man einen Gurkeneimer, haut unten ein paar Löcher rein, und schon kann man im Freien Feuer machen.« Zu mir sagte er: »Wenn das abgedreht ist, wird die Außenrequisite im Freien Feuer machen können, und sie wird diese Fähigkeit gebrauchen können.« Um Schleichwerbung zu vermeiden, war vorher der Name der Gewürzgurkenfirma unkenntlich gemacht worden. Ich habe gesagt, das braucht ihr nicht. Der Lack verbrennt auf dem Gurkeneimer sofort, sobald da ein Feuer drin ist. So war es dann auch. Als das Feuerchen im Gurkeneimer noch lustig loderte, kam der Feuerwehrmann, der überhaupt nicht wußte, wie ihm geschah. Ein echtes Feuer, und er hatte nichts zum Löschen. Ich hielt eine Flasche Korn, in der natürlich Leitungswasser war, in der Hand, und habe zu ihm gesagt: »Wollen Sie mal eine richtig schöne Stichflamme sehen?« Mit dem Kopf wollte er das verhindern, mit den Füßen hatte er aber Schiß, und allen Gesetzen der Schwerkraft trotzend, stand er da im spitzen Winkel, während ich genüßlich und langsam die Kornflasche in den Gurkeneimer kippte und dadurch das Feuer löschte. Da war er richtig sauer.

Du trinkst Leitungswasser?

Jawohl, Leitungswasser. Da beobachten solche Leute wie der Feuerwehrmann die Szenen seit Jahren, zum Beispiel im Restaurant »Akropolis«, und haben immer noch nicht spitz gekriegt, daß wir statt Schnaps Leitungswasser trinken, statt Rotwein verdünnten Kirschsaft. Und das Bier ist auch alkoholfrei, leider. Alkoholfreies Holsten. Wobei mich das »alkoholfrei« nicht so stört, sondern das Holsten. Neulich habe ich zwei echte Schlucke genommen, weil mir das zu riskant war, es nur zu spielen, und danach habe ich Schmutzzulage verlangt.

Hast du außer bei der Lindenstraße noch anderswo geschauspielert?

Ja, 1991, im Hochsommer in Wien. Ich sollte in einer Laientheater-Produktion in der Dramatisierung des Romans »In Schwimmen-zwei-Vögel« von Flann O'Brien den altirischen Sagenhelden Finn Mac Cool, eine gute Fee und den Erzähler spielen. Die gute Fee war ziemlich einfach, denn gute Feen treten nach dem Prinzip an: »They should be heard and not seen.«

Im Gegensatz zu Kindern: »Children should be seen and not heard.«

Ganz genau. Weil sie eine körperlose gute Fee war, sah man sie und mich nicht. Unser Regisseur Kurt Palm hatte ein Kastl zwischengeschaltet, welches die tieferen Frequenzen eliminierte, so daß niemand gemerkt hat, daß das dieselbe Stimme war wie die des altirischen Sagenhelden Finn Mac Cool. Es stand auch auf dem Theaterzettel: Links eine gute Fee, rechts sie selbst. Das habe ich praktisch anonym gemacht, dazu noch den Erzähler mit normaler Märchenonkelstimme.

War das nicht furchtbar anstrengend, vor allem für jemanden wie dich, der sich keinen Text merken kann?

Eine furchtbare Schinderei. Kurt Palm ließ uns immer

alles mögliche auswendig lernen, hörte sich das an, und dann erst strich er den Text wieder. Es war wirklich die Hölle. Ich habe mich dann bei einer Szene im Sitzen von einem Kollegen treten lassen, damit ich wußte, jetzt kommt mein Einsatz. Wenn man nicht genau das sagte, was im Text stand, haben die anderen, die ja alles Laienspieler waren, ihren Einsatz verpaßt. Das ist bei der Lindenstraße angenehmer. Da kann ich sagen, was ich will, die Leute wissen trotzdem, daß es ihr Stichwort war. Wir haben zweieinhalb Monate geprobt und vierzehn Tage lang en suite gespielt. Wir hätten das noch monatelang weiterspielen können. Am Wochenende hatten wir sogar »double feature«. Aber Direktor Kurt Palm hatte zu Recht Angst. Er wollte mit begabten Laien arbeiten. Aber wenn begabte Laien zu lange als Schauspieler tätig sind, werden sie zu unbegabten Profis, das wollte er vermeiden.

Wie ist das Stück denn angekommen?

Es war schön, wie die Presse darüber berichtet hat. Wir haben viele Interviews gegeben, aber die Presse macht ja so gut wie nie was richtig. Die können sich Notizen machen und ein Tonband laufen lassen, sie schreiben trotzdem völligen Quatsch. Ich habe zu einem Herrn von *Profil* gesagt, das ist der österreichische Spar-*Spiegel*: »Es ist völlig wurscht, was sie über uns schreiben. Im Ensemble sind genug Journalisten, so daß wir, wenn wir günstige Kritiken haben wollen, sie uns jederzeit selber schreiben können.« Das habe ich dann ja auch für die *Zeit* gemacht. Dem *Profil*-Mann Wolfgang Miesgang habe ich erzählt, daß es mir in Wien gefällt. Ich habe gesagt: »Hervorragend, bis auf die Küche. Und manchmal wache ich nachts auf und stelle fest, daß ich weinend im Bett auf und ab gehe und mich nach einem Shakti sehne«, also einem indischen Rohkostteller. Daraus hat der *Profil*-Journalist gemacht: »Manchmal stelle ich fest, daß ich mitten in der Nacht aufwache, weinend im Bett auf und ab gehe und mich nach meinem Vater sehne.«

Ich nehme an, das gab einen wütenden Leserbrief von dir.

Der wurde auch abgedruckt, und der Betreffende hat einen ordentlichen Anschiß vom Chefredakteur kassiert: »Wir sind ein Nachrichtenmagazin!« Ein anderer Journalist schrieb, wie die ganzen Teilnehmer dieser Laienspielinszenierung unter Harry Rowohlts Anleitung saufen würden.

Brauchten die denn deine Anleitung?

Nein, eben nicht. Besonders Tex Rubinowitz war sauer, weil der auch ohne Anleitung prima saufen kann. Tex Rubinowitz hat den Helden und Ich-Erzähler gespielt, den verbummelten Studenten, und Magister Fritz Ostermayer hat den wahnsinnigen König Sweeney gespielt. In unserer Dernière, oben in einer Sargfabrik, gab es zwei Bühnenebenen, die ganz gut zu bespielen waren, weil man dadurch einen mythischen und einen realen Raum hatte. Es war allerdings verkehrt herum, der mythische Raum war unten, und der reale war oben. Fritz Ostermayer saß unsichtbar auf irgendeinem Mauervorsprung mit einer langen Perücke aus Isolierhanf, und mich hatte Direktor Kurt Palm zur Sau gemacht, weil er annahm, ich wäre immer besoffen, was aber gar nicht der Fall war. Er sagte, ich hätte schon wieder gelallt, aber das war völliger Schwachsinn. Ich habe halt regional eingefärbtes Hochdeutsch gesprochen, und für Österreicher hört sich das gelallt an. Auf jeden Fall habe ich während dieser vierzehn Tage keinen Tropfen Alkohol getrunken.

Das war sicher eine schöne neue Erfahrung.

Ja, aber Fritz Ostermayer hat durchaus getrunken. Er saß auf seinem Vorsprung, trank Guinness aus Flaschen und mußte immer pinkeln. Er hat sich aus der Dekoration einen Nachttopf besorgt, und während der Dernière hat er aus Protest Kurt Palm mit dem Nachttopf beworfen. Das sah so unglaublich gut aus, daß wir alle bedauerten, daß er das nicht schon immer gemacht hatte. Dieser Goldregen, wie das funkelte und das Licht vielfältig brach.

War Kurt Palm wirklich so anstrengend, wie du behauptest?

Irgendwann konnten wir Kurt Palm alle nicht mehr leiden. Er konnte ganz schön gemein sein. Er wollte zum Beispiel, daß ich schon während der Proben immer barfuß auftrete. Ich sagte: »Wenn ich in diesem Dreck in einen rostigen Nagel trete, brauche ich eine Tetanusspritze. Du versuchst, deinen Konzeptmangel durch stramme Haltung wettzumachen.« Danach durfte ich Sandalen anziehen, ein Glück. Ich hatte eine Rüstung an, eine metallene Schlachterschürze, praktisch wie ein Kettenhemd gebaut, die mir immer die Brustwarzen abklemmte. Es hat Tage gedauert, bis mir die Kostümbildnerin Tesamoll reingeklebt hat, damit die Brustwarzen geschützt wurden. Der dicke Hermes Phettberg, der absolute Star dieser Inszenierung, der den Onkel des Ich-Erzählers spielte und der ein päderastischer Masochist ist, war ganz neidisch auf meine eingeklemmten Brustwarzen. Ich hatte auch noch einen wunderbaren Wikingerhelm auf.

Wieso trägt der altirische Held Finn Mac Cool einen Wikingerhelm?

Den hat er von der Schlacht bei Clontarf als Souvenir zurückbehalten, als die Wikinger zum ersten und einzigsten Mal besiegt wurden.

Zum einzigsten Mal?

Ja. Zum einzigsten Mal darf man sagen: »Später im D-Zug, unter der Bank hinter lauter ängstlichen Beinen, / Fing Daddeldu plötzlich an, zum einzigsten Mal zu weinen / (Denn später weinte er niemals mehr.) – – Beide Flaschen Eau de Kolon waren leer.« Und deshalb darf man »zum einzigsten Mal« sagen. Weil der Wikingerhelm so fabrikneu aussah, hab ich eins der Hörner verdreht, und Hermes Phettberg verzog leidend das Gesicht und fragte: »Tut das nicht weh?« Er dachte, die Hörner wären durch den Schädel hindurch miteinander verbunden. Dem konnte man alles weismachen.

7. Tag

Griechenland

RALF SOTSCHECK: *Du giltst als Irland-Experte, über die Gründe haben wir schon gesprochen, aber eigentlich bist du doch Griechenland-Experte, ihr habt sogar ein Haus dort.*

HARRY ROWOHLT: Wir siedeln in Páltsi, das ist auf dem sogenannten roten Pilion – oder, wie er bei Homer heißt, der Rosse nährende Pilion. Alexander der Große bekam dort die Pferde für seine berühmte thessalische Reiterei her. Seinen Namen bekam der rote Pilion, weil er während des Bürgerkrieges als Räterepublik unabhängig war. Das merkt man heute noch daran, daß nirgends sonst auf der ganzen Welt so viel gesoffen wird, nicht mal in Irland. Man trinkt hauptsächlich Tsípouro, das ist ein Tresterschnaps mit Anis-Aroma, hergestellt von der Firma Kurt Georgi in Böblingen, wie auch das Retsina-Aroma von der Firma Kurt Georgi in Böblingen bezogen wird. Der Grieche wüßte überhaupt nicht, wie er seine Getränke vergällen könnte, wenn es nicht den schwäbischen Gewerbefleiß gäbe. Unser kleines Kaff Páltsi bekam vor ein paar Jahren die Gemeinderechte, worauf mein Freund Laiki sofort zum kommunistischen Bürgermeister gewählt wurde. Inzwischen wurde er wieder abgewählt und sein Nachfolger Stassis ist von der Nea Demokratia.

Wie kommt es, daß der Souverän, das Volk, in der einen Legislaturperiode einen Kommunisten wählt und in der nächsten gleich einen Konservativen? Warum nicht zwischendurch mal einen Sozi?

Das liegt daran, daß Laiki und Stassis die beiden besten

Tänzer dieses Kaffs sind. Da weiß man eben, woran man sich zu halten hat. Laiki hat eine große Nummer, die er nicht immer, aber immer am Schluß macht, weil das ein echter Höhepunkt ist. Das ist sein berühmter Stuhltanz. Er tanzt auf einem Stuhl herum, der auf dem Fußboden liegt, und zwar auf den vorderen Stuhlbeinen. Sieht halsbrecherisch aus, und ganz zum Schluß, mit dem Ersterben des letzten Akkords, kippt plötzlich der Stuhl um, und zwar so, daß er steht, Laiki auf dem Stuhl sitzt und eine Zigarette raucht, die man vorher nicht gesehen hat – ganz so, als hätte er die ganze Zeit nichts anderes gemacht, als fröhlich schmökend auf diesem Stuhl zu sitzen.

Hat Stassis auch so eine Tanz-Nummer?

Stassis hat eine völlig andere Tanztechnik. Als erstes, und daran merkt man, daß Stassis tanzt, fallen ihm die Zigaretten und das Wegschmeißfeuerzeug aus der Brusttasche. Stassis tanzt nämlich hauptsächlich auf den Händen. Deshalb hat er auch nie Muskelkater in den Beinen. Stassis ist mit einer schönen, dicken Frau verheiratet, die er durch das Training ganz leicht auf Händen tragen kann, was er auch tut. Das ist die einzige, mit der ich je tanzte, weil die so fett und unbeweglich ist, daß man sich da nicht so abschuften muß wie bei anderen griechischen Tänzerinnen.

Ich tanze auch nicht gerne. Als ich das erste Mal in Irland bei einem »Dinner Dance« war, hatte ich versprochen, die letzten drei Walzer zu tanzen. Plötzlich spielten sie ein viertes Stück, und ich hüpfte herum, während alles andere stocksteif dastand. Es war die Nationalhymne, die damals stets zum Schluß des Tanzabends gespielt werden mußte. Aber abgesehen vom Tanzen, was ist denn in eurem Dorf in Griechenland sonst noch los?

Wenn man in dieser Gegend ein bißchen vom Weg abkommt, kann es sein, daß man von der Kühlschlange einer Schwarzbrennerei erdrosselt wird, die dort überall hinter den Hecken versteckt liegen. Beim Brennen lädt einen der Nachbar ein, man legt sich einfach unter die Tülle, und dann kommt der Tsípouro noch warm rausgetröpfelt. Man braucht dann nicht mehr zu bestellen oder nachzuschenken. Man liegt einfach in der dornigen Macchia und läßt es sich über die Zunge rinnen. Manchmal sind noch Fuselöle drin. Man kriegt zunächst schöne Augen davon, und irgendwann ist man blind. Da muß man eben wissen, wann man aufhört. Ich hab aufgehört, als ich eine bifokale Brille brauchte.

Das kenne ich, das ist ähnlich wie beim irischen Poitín. Von dem kann man auch blind werden, wenn er nicht anständig gebrannt ist. Man sollte den Schwarzbrenner kennen, um auf Nummer Sicher zu gehen.

Das ist beim Tsípouro auch so. Unser leider inzwischen verstorbener Nachbar Iórgo Smírlis hat lieber Scotch getrunken. Er war ein wunderbarer Nachbar. Ich habe ihn immer verachtungsvoll Schmierlis genannt. Weißt du, wie die amerikanischen Juden das gerne machen? Sie wiederholen ein Wort, das sie verachten, und verändern es dabei leicht: Sotscheck – Schmotscheck. Entschuldigung, das war jetzt nur ein Beispiel.

Ist schon okay, Schmorwohlt.

Ich habe ihn jedenfalls immer Schmierlis genannt. Wie viele gute Freunde habe ich ihn dadurch kennengelernt, daß er mir die Kehle aufschlitzen wollte. Ich war mit einer kleinen deutschen Reisegruppe in Griechenland, und am Nebentisch spielte jemand Gitarre und sang dazu. Ich habe zu meinen deutschen Landsleuten gesagt, sie sollen mal die Schnauze halten, wenn Live-

Musik ist, aber sie haben immer weiter geplappert, und Iórgo Smírlis hatte mich als Wortführer ausgemacht und mehrmals aufgefordert, endlich mal für Ruhe zu sorgen, was ich die ganze Zeit versucht hatte. Weil ich ein bißchen Griechisch konnte und die Getränke bestellte, galt ich als Anführer. Plötzlich zog er ein riesiges Tauchermesser hervor und sagte zu mir: »I'm going to cut your head off!« Ich habe mich nach einer Waffe umgesehen und schnappte mir ein kleines Frittenmesser, das auf dem Tisch herumlag. Ich warf dieses Messerchen immer von der einen in die andere Hand und sagte: »Komm bloß ran, wenn du was willst. Ich stech dich ab, du Hund.« Da mußten wir beide sehr lachen. Er mit seinem Riesendolch, und ich mit dem kleinen Pommesmesser. Das war der Beginn einer wunderbaren Freundschaft. Wenn wir nach Griechenland geflogen sind, habe ich ihm immer eine Literflasche Powers oder Jameson mitgebracht. Iórgo hat mir mal gesagt: »Ireland is the best country in the world.« Er wollte von mir wissen, ob ich schon mal da gewesen sei. Das konnte ich bestätigen, und damit stieg ich in seiner Achtung als Nachbar, Mitmensch, Steuerzahler, Kleingärtner und Held. Die Pumpe für sein Haus ist auf unserem Grundstück, und immer wenn die ansprang, dachte ich voller Wohlgefallen: Aha, jetzt hat Iórgo gekackt, oder: Aha, jetzt macht Iórgo den Abwasch, oder: Aha, jetzt duscht Iórgo. Wie schön, daß wir uns so mochten, denn wenn ich mit meinem Nachbarn verkracht gewesen wäre, hätte ich immer, wenn die Pumpe anspringt, gesagt: »Jetzt hat diese Sau schon wieder gekackt, und jetzt duscht er auch noch, ja hört das denn nie auf, und jetzt wäscht er auch noch ab, es ist unerträglich.«

Ist er denn am Scotch gestorben?

Nein, Iórgo ist an Krebs gestorben. Er ist beim Zitronenklauen vom Baum gefallen, und da tat ihm eine Woche lang alles weh. Da dachte er sich, durch einfaches Zitronenklauen und Vom-Baum-Fallen kann man doch nicht solche Schmerzen haben. Also ist er zum Arzt gegangen, und da war alles dermaßen voller Metastasen, daß es überhaupt keinen Sinn mehr hatte. Iórgo hat seinem Freund Wassili mal das Leben gerettet. Wassili ist Architekt, baut aber keine Häuser, in denen Menschen unterkommen, weil ihm das den Schlaf rauben würde. Er baut nur Sachen, die einstürzen können, ohne daß ihm das zu sehr zu Herzen gehen würde, Flugzeughangars zum Beispiel. Seit Erfindung des Faxgeräts kann er das auch prima in Kneipen oder am Strand machen. Er macht die Entwürfe, faxt die nach Athen, dann wird das Ding gebaut. Wassili soff nur noch, war zum Skelett abgemagert und lag in Athen im Krankenhaus. Da hat Iórgo seinen Patenonkel, der Tischler ist, alarmiert, und außerdem auch unseren paltiotischen Popen, der gleichzeitig KP-Mitglied ist, also praktisch Don Camillo und Peppone in Personalunion. Mit denen hat er Wassili in Athen im Krankenhaus besucht. Der Patenonkel hat ein Maßband herausgeholt und ihn für den Sarg vermessen, und der kommunistische Pope hat sein Weihrauchfaß geschwenkt und Sachen skandiert. Da bekam Wassili einen solchen Schreck, daß er der Krankenschwester geklingelt hat.

Das war jetzt österreichisch: »...der Krankenschwester geklingelt.«

Genau, das war österreichisch. Jedenfalls bestellte er eine Hühnersuppe. Damit war er dann gut zehn Jahre lang aus dem Schneider, weil er sich das Essen wieder angewöhnt hatte.

Wimmeln bei euch in Griechenland viele deutsche Touristen herum, oder hast du deine Ruhe vor Lindenstraßen-Fans?

In unsere Hütte ist mal ein deutscher Alternativtourist eingebrochen. Er hat gleich im nächsten Dorf versucht, meine Schreibmaschine zu verkaufen. Der erste, dem er die andrehen wollte, fragte: »Was machst du denn mit Harrys Schreibmaschine?« Das war natürlich nicht so klug, in Griechenand eine Schreibmaschine mit deutschen Typen verscheuern zu wollen. Außerdem kannte jeder im Tal ihren Klang – zackazuckazacka. Das war die Schreibmaschine, die schon mal entsalzt werden mußte. Die Hütte ist gar nicht so nah am Meer, aber in Griechenland ist das Wetter noch dramatischer als hier in Irland.

Geht gar nicht. Als ich nach Irland zog, behauptete mein Nachbar, im Vorjahr sei der Sommer auf einen Montag gefallen.

Doch, das geht. Ulla und ich waren mal neun Monate dort und haben einen ganzen Winter miterlebt. Wir sahen morgens aus dem Fenster, und wenn wir fanden, daß es unfreundlich aussah, was es sehr oft tat, sind wir einfach den ganzen Tag im Bett geblieben und haben uns gegenseitig Fontane vorgelesen. So gibt es eine Zeit für alles.

Für Fontane mußt du ganz schön die Ruhe weghaben. Aber was machst du, wenn du mal unter Menschen willst?

Nach Möglichkeit sind wir dienstags in die große Stadt nach Volos, weil es dienstags den *Spiegel* gab. Bei unseren Freunden Tilman Fritsch und seiner Frau France aus Casablanca, eine Pied Noir, haben wir uns gewaschen, richtig fein gebadet mit heißem Wasser, und sind dann blitzsauber nach Volos gefahren, haben alle möglichen Zeitungen erstanden und sonstige Einkäufe erledigt. Das war immer ein ganz großer Tag, wie

Markttag. Bei Sisi Ontolopoúlou haben wir Cognac und Rotwein gekauft, schöne große Korbflaschen, die uns inzwischen von den Scheißtouristen alle geklaut worden sind. Dann haben wir Fischsuppe gegessen und uns an die Strandpromenade ins Freie gesetzt, unsere Zeitungen gelesen, Eiscafé mit Cognac getrunken und darauf gewartet, daß die Kinos öffnen. Wir sind oft bis zu dreimal hintereinander ins Kino gegangen. Zu der Zeit gab es viele Hongkong-Western. Danach sind wir, um die Zivilisation bis zur bitteren Neige auszukosten, in die Diskothek Sanitarium, haben abgehottet und Gin Tonic getrunken.

Ein gräßliches Getränk.

Aber nein. Gin Tonic – das war für mich der Inbegriff der Zivilisation, mit klirrenden Eiswürfeln zu heißen Soul-Rhythmen die Knochen geschüttelt. Danach war wieder eine Woche lang Beschaulichkeit angesagt. Wir haben kleine, einfache Arbeiten verrichtet, Abflußrohre gereinigt, Orangen geerntet, Gemüse angebaut, einen kleinen Zaun angelegt, damit Katinas Hühner das Gemüse nicht klauten. Es gab keinen einfachen Draht, deshalb nahmen wir Stacheldraht. Die Griechen machen das auch, weshalb die Ziegen mit Hansaplast am Euter herumlaufen. Die Hühner kamen natürlich dennoch durch die Gitterverstrebungen prima in den Gemüsegarten, aber sie kamen nicht mehr raus. Sie entwickelten entsprechenden Kohldampf, gewöhnten sich aber an alles, was da wuchs. Die Griechen machten alle, frei nach Baedekers »Lohnt einen Umweg« einen Schlenker zu unserem Gemüsegarten, um ihn schenkelklopfend zu bewundern.

Sonst passierte nicht viel. Eines Tages spülte das Meer, das ja gibt und nimmt, aber hauptsächlich gibt, einen wunderbaren Hackklotz an. Er hatte genau die richtige Höhe zum Holzhacken. Aber er schrumpfte allmählich, weil er Meerwasser gesogen hatte, und als er so klein war, daß er selbst zum Feuerholz wurde, brannte er weg wie Zunder. Das hat einen etwas mit Wehmut erfüllt, aber so ist das: Wenn sonst nix passiert, dann bauscht man solche kleinen Vorkommnisse ungeheuer auf. Ulla reiste irgendwann ab. Sie mußte zum Zahnarzt, und da geht man lieber nach Deutschland. Ich saß ganz alleine und verlassen da. Draußen regnete es wie immer, und ich las, weil mir sonst nichts Besseres einfiel, in dem von mir übersetzten »Wind in den Weiden«. Ich hatte gerade mit dem Kapitel angefangen: »Der Pfeifer vor dem Tor zur Dämmerung«, »The Piper at the Gates of Dawn«, als ich draußen Schritte hörte, mitten in der Nacht, und wer war es? Roger Waters.

Der Roger Waters von Pink Floyd?

Ja. Ich erinnere nur an die Erfolgs-LP »The Piper at the Gates of Dawn«. Er hatte seine Freundin Judy dabei. Roger lieh sich immer wieder mal meine Brille aus, blickte Judy hochmütig an und sagte: »Do I look like John Lennon now?«

Hattest du noch andere berühmte Besucher, Mick Jagger vielleicht?

Nein, aber H.C. Artmann. Er hat jahrelang mich und Tilman Fritsch, der Maler ist, mit einem Konstrukt verwechselt, nämlich einer Mischung aus Tilman Fritsch und mir. Es war mir zu lästig, ihn aufzuklären, daß wir zwei verschiedene Menschen sind. Auf jeden Fall hielt er mich für einen Teilzeitmaler und Tilman Fritsch für einen Teilzeitübersetzer. Wenn er einen von uns beiden traf, mußte der eine den anderen mitrepräsentieren. Tilman Fritsch hat übrigens drei Kinder, der älteste heißt Bertram, so nennt ihn der Vater, die Mutter nennt ihn Bertrand. Bertram ist Deutscher. Der zweitälteste

Sohn heißt Patrick, die Griechen nennen ihn Patrokles. Er ist Araber, also Pied Noir, und kommt ganz nach der Mutter. Die Tochter Dominique, genannt Guggi, wird von den Griechen Kiriakula genannt – wegen Sonntag. Sie ist Griechin geworden. Das hat sich sehr sauber eingependelt. Tilman Fritsch fuhr auch immer dienstags nach Volos in die Stadt, kaufte sich den *Spiegel*, kam mit dem Bus zurück, in die *Spiegel*-Lektüre vertieft, und seine Frau France holte ihn an der Bushaltestelle ab und fragte: »Wo sind denn die Kinder?« Tilman sagte: »Welche Kinder?« France sagte: »Wir haben doch drei Kinder.« Die hatte er vergessen. Das war zu der Zeit, als man den *Spiegel* noch lesen konnte, also vor Stefan Aust.

Robert Gernhardt hat eine Formulierung in Peter Rühmkorfs erster Biografie gerühmt, »Die Jahre, die er kennt«. Darin sagte Rühmkorf, um anzudeuten, daß es lange her war: »Das war zu der Zeit, als der S. Fischer Verlag noch mit dem Spruch warb: ›Was macht denn der Herr Hinkeldei? Er liest die Fischerbücherei.‹«

Zu der Zeit hatte auch dein – Verzeihung –, der Rowohlt Verlag solche Slogans: »Nichts fesselt so wie rororo.«

Epilog

RALF SOTSCHECK: *Jetzt haben wir genug geschwatzt, die Weinflasche ist leer, es wird bald hell.*

HARRY ROWOHLT: Ein Gutes hat es, daß ich dir ständig Geschichten erzählen mußte. Die Presse wird begeistert sein, vor allem die Provinzpresse, weil die sich ja immer darüber ausgelassen hat, daß ich bei meinen Lesungen zu viele Geschichten erzähle. Das Geschichtenerzählen hast du mir gründlich ausgetrieben. Ich kann nur Geschichten erzählen, die ich selbst erlebt habe, und nun habe ich sie alle erzählt und festgestellt, daß ich ziemlich wenig erlebt habe – für eine Lesung natürlich zu viel, aber für ein Leben eindeutig zu wenig.

Das finde ich ganz und gar nicht.

Dieses Buch heißt »Ralf Sotscheck im Gespräch mit Harry Rowohlt«, und wenn es, wie Verleger Klaus Bittermann hofft, sich wie geschnitten Brot verkauft, gibt es bald den zweiten Band: »Harry Rowohlt im Gespräch mit Ralf Sotscheck.« Das wird bestimmt lohnender, weil du sehr viel mehr erlebt hast als ich, obwohl du ja sehr viel jünger bist. Du bist Journalist, düst ständig durch die Gegend, gurkst überall herum, lernst interessante Menschen kennen, während ich als Übersetzer den ganzen Tag zu Hause sitze und an Formulierungen feile, und das ist schwer zu erzählen.

Ach was. Wir sollten uns noch einen letzten Whiskey genehmigen und dann schlafen gehen.

Nichts anderes sage ich seit einer Woche.

Register

Adenauer, Konrad 16
Agra 29
Albert-Schweitzer-Schule 42 ff.
Alexander der Große 204
Allgemeine Wochenzeitung der Juden in Deutschland 54
Alka-Seltzer 165
Ambassador of Irish Whiskey 5, 74, 149, 160
America the Beautiful 161
Amsterdam 128
An Droichead 111
Anna Elisabeth (Halbschwester von H. R.) 31
Aquavit 164
Arjouni, Jakob 75
Artmann, H. C. 69, 211
Asterix 117, 122
Astra Country Palace 140
Astra Country Palace All Stars 141
Athen 208
Atkins, Chet 38
At Swim-Two-Birds 118, 121
Aust, Stefan 212
Auster, Paul 97 f.

Baader-Meinhof-Bande 110
Baarova, Lida 19
Bach, Johann Sebastian 169
Baden-Baden 52, 54 f.
Bad Oldeslohe 43
Baginsky, Rainer 111
Balou (der Bär) 161
Bärmeier & Nikel 111
Basel 108
Bates, Katherine Lee 161
Beatles 129, 146
Beimer, Klaus 187
Belgische Obstbiere 131
Bella 35
Belwe, Timmi 24 ff.
Bendixen, Herr 56, 62
Berking, Willy 63
Berlin 21 f., 40, 71, 73, 80, 119
Betragen ungenügend 49
Better Homes & Gardens 97
Beverly Hills 154
Biedermann und die Brandstifter 48 ff., 89
Biermann, Wolf 174 f.
Bild 163
Bittermann, Klaus 7, 215
Black Bush 68
Blockhütte (Kneipe) 128
Blum, Leopold 145
Bochum 15, 18 f., 154
Bochumer Volksblatt 17
Böblingen 204
Bodmer, Tommy 117, 150
Boehlich, Walter 57
Bombay 59 f.
Bonn 16
Bopp, Frau 27
Borowiak, Simone 172
Börsenblatt des deutschen Buchhandels 143
Borstel, Heidemarie von 175 f.
Bothe, Frau 75
Boylan, Roger 6, 133
Braatz, Fräulein 78
Brandt, Willy 174
Braun, Karl-Heinz 75
Braun, Michael 114
Braunschweig 12
Brecht, Bertold 110, 187
Brüder-Grimm-Preis 174
Brühl, Herr 47 f.
Bruno, der Wirt 91
Buchhandlung Leporello 12
Buchhandlung Taraxacum 120
Buchmesse 29, 70, 79, 87, 120, 170 ff.
Bushmills 68

Café Laumer 29

Casablanca 209
Castro, Fidel 102 f., 174
Celle 175
Ceram, C. W. 40
Charly Hebdo 131
Charms, Daniil 89
Cheap Sweet Serenaders 139
Clontarf 202
Cognac 126, 173, 210
Connolly, James 129
Crumb, Robert 68, 122, 139 ff., 153
Cuzco 41

Dafinger, Fräulein 77
Dante Alighieri 123
Daskalow, Ingrid 170 f.
Daskalow, Iwan 170 f.
Das Narrenschiff 192
Delhi 29
Denoël, Editions 72
Der kleine Herr Jakob 107
Der Stellvertreter 65
De Valera, Eamon 134 f.
Didi und Stulle 117
Die Asche meiner Mutter 5, 131 ff.
Die Glocke 88
Die göttliche Komödie 123
Die grüne Wolke 106 ff.
Die Insel (Künstlerclub) 140
Die Räuber 19
Die Schatzinsel 67
Dietz, Petra 46
Die Bunte 185
Die Welt 143
Die Woche 40
Die Zeit 6, 40, 88, 102 f., 113, 185, 199
Diogenes-Verlag 75, 117
Disney's Dschungelbuch 161
Dombrowski, Herr 43
Dortmund 162
Douglas, Kirk 12
Dressler, Dr. 189
Droste, Wiglaf 138, 170, 177
Dublin 23, 118, 122, 129, 135, 150
Dubliners 113
Düsseldorf 108 ff., 126

Eastman, Linda 129
Eckernförde 33
Ehapa Verlag 117
Elb-Riesling 163
El Gregor 58
Elle 179
Ellwangen 67
El Phantôm 59
Engel, Martha 80
Entrekin, Morgan 65
Erfurt 135, 162
Erlangen 122 f., 126
Essen 192
Essen & Trinken 184

Faulkner, William 116
Feltrinelli, Inge 29, 85
Fiedler, Lore 118
Fields, W. C. 165
Finnegans Wake 67
Finsterwalder, Egbert 80
Fischer Verlag 212
Flensburg 56
Flimm, Jürgen 193
Flip-Flops 177
Florenz 123
Flöter, Carsten 186
Fontane, Theodor 209
Fountain, Lore 130
Frankfurt 55 ff., 106, 108 f., 156, 160
Frau im Spiegel 187
Freddy der Erbe 88
Frederic, Dagmar 168
Friedberg, Martha 99 f., 102
Friedberg, Saul 102
Frisch, Max 44, 89
Fritsch, France 209, 211 f.
Fritsch, Tilman 209, 211 f.
Fulda 174

Galan, Benito 57
Galápagosinseln 187
Galway 175, 193

Gandhi-Arsch 59
Gardelegen 124
Gauck, Joachim 80
Geißendörfer, Hans W. 185 f., 188, 193
Geo 120
Georgi, Kurt 204
Gerhardt, Renate 71 f.
Gernhardt, Almut 37
Gernhardt, Robert 28, 35, 111, 138, 171, 212
Geschmack der Freiheit 56
Gin 165
Gin Tonic 210
Glockauer, Herr 44, 46 50
Goebbels, Heinrich 19 f.
Goldene Schallplatte 170, 172
Göschen, Georg Joachim 77
Goscinny & Udzero 117
Götter, Gräber und Gelehrte 40
Göttingen 172
Göttinger Elch 171 ff.
Grahame, Kenneth 85, 156
Grass, Günter 193
Gremliza, Hermann L. 86
Gröbe, Kurt 32
Grönebaum, Wolfgang 190 ff.
Grove Press 94 ff., 98 ff.
Gründgens, Gustav 71
Gruner & Jahr 120
Guinness 5, 10 ff., 130, 149, 167 f., 201
Gumprecht, Professor Dr. 42 f.

Habermaier, Andreas 187
Hacks, Peter 169
Haffmans, Gerd 117 f., 163
Hamberger, Wolfgang 174
Hamburg 12 f., 22 ff., 32, 41 f., 44, 59 f., 85, 97, 102 f., 106, 127 ff., 131, 140, 175 f., 179
Händel, Georg Friedrich 169
Handelsblatt 143
Hanau 175
Härtel, Margret 174
Haubrich, Paul 147
Havemann, Robert 80
Heidelberg 7, 69, 124 f.
Heidelberger 69
Heidenreich, Elke 34, 172
Heidi kann brauchen, was es gelernt hat 118
Heimler, Gerhard 150
Heise, Herr 169
Helbourg, Frau 62 ff.
Hellas (Kneipe) 58
Hesse, Hermann 66
Hessischer Hof 29
Hessischer Rundfunk 110, 160, 171
Hinz, Knut 186
Hitler, Adolf 103 f.
Hochhuth, Rolf 65 f., 169
Hollywood 154
Holtzbrinck 117
Homer 204
Holsten 198
Homann, Peter 91
Hoppe, Marianne 71
Hösseringen 175 f.
Huston, John 113

Idar-Oberstein 14
Il Gattopardo 125
IM Dödel 81
Ingeborg-Bachmann-Wettbewerb 162
Ingolstadt 74 ff.
In Schwimmen-zwei-Vögel 147, 149, 198
Insel-Verlag 57, 59 f.
IRA 118
Irischer Lebenslauf 123
Irish Times 120

Jägermeister 109 ff.
Jagger, Mick 211
Jameson 163, 207
Jane (Schwägerin von H. R.) 92
Jauch, Günther 143
Johann-Heinrich-Voß-Preis 135, 162, 168
Johnson, Uwe 163
Jordan 128

Jordan, Fred 100
Joyce, James 6, 113, 129, 146 f.
junge Welt 143

Kafka, Franz 40
Kairo 124
Kampnagel 147 f.
Kantereit, Hans 148
Kapielski, Thomas 111
Kasseler Literaturpreis für grotesken Humor 169
Käthchen von Heilbronn 17
Kauka, Rolf 117
Kein & Aber 170
Kenny's Bookstore 175, 193
Kenny, Tom 193
Kieseritzky, Ingomar von 169
Kinderkreuzzug 187
Kirsch, Sarah 137, 152
Klagenfurt 162
Kling, Else 190
Klink, Vincent 173
Koch, Neff & Oettinger 66
Kokoschka, Ferdinand 32
Köln 74, 185, 190
Konkret 85 ff.
Korn 197
Kreisler, Georg 55
Kroneichenkorken 163
Krotz, Joana 95
Kümmel, Herr 45
Kunstmann, Antje 138, 170
Kurd-Laßwitz-Preis 161 f.
Kurucz, Láczi 45

Lacan, Jacques 112
Laiki 204 f.
Lampedusa, Tomasi di 125
Landshut 125
Langenfeld 126
Leck 10, 69, 76
Leer 120 f.
Ledig-Rowohlt, Heinrich Maria (siehe auch: Brüderchen) 29 ff., 72, 74, 85, 92, 106 f., 144
Legion Condor 54
Leipzig 74 f., 84
Lennon, John 211
Les Primitifs du Futur 139
Leverkusen 125 f.
Lincoln-Brigade 102
Lindenberg 41
Lindenberg, Udo 169
Lindenstraße 6, 74, 168, 183 ff., 193, 195 ff., 208
Limerick 133
Lollobrigida, Gina 147
London 30, 54, 60, 125, 147
Loren, Sophia 147
Luchterhand-Verlag 132 ff.
Ludwigshafen 125
Lüneburg 175
Lutrand, Edmond 52 f., 93
Luzern 156

Mack, Ulrich 93
Mac Cool, Finn 198, 201 f.
Mädchenschwemme 48
Magdeburg 124, 168 f.
Mannheim 118
Marburg 114 f.
Marcks, Marie 172
Marek, Kurt W. 40
Maria Wolters-Stiftung 160
Marx, Karl 54 f.
Matthäus-Passion 169
May, Karl 118, 154
Mayer, Georg 84
Mayer, Hans 84
McCartney, Paul 129
McCarthy-Ära 96
McCourt, Frank 5, 131 ff.
McCourt, Malachy 133 f.
McGuffin, Sean 103, 138
Menge, Wolfgang 149
Menne, Lothar 86
Meyerinck, Hubert von 34
Miami Beach 141
Miesgang, Wolfgang 199
Mikula, Anna 40, 180
Milian, Tomas 58
Mit Goethe durch das Jahr 17
Moorse, George 190 f., 197

Moskowitz, Herr 55
Mulot, Sibylle 75
München 30, 37, 39, 44, 126, 135, 140
Müntzer, Thomas 42

Naked 153
Narziß und Goldmund 66
Naschke 45, 49 f.
Naumann, Ebi 179 ff.
Naumann, Michael (oder auch Mike) 98, 193
Naumann, Tink 179 ff.
Neill, Alexander Sutherland 106, 178
Neue Frankfurter Schule 172
New York 39, 94, 100, 106, 121, 132, 165, 178
Nichtarische Arien 55
Noll, Ingrid 75

O'Brien, Flann 6, 96, 117 ff., 142, 146 ff., 190, 198
O'Leary, Jer 168
Olwen (Nichte von H. R.) 142
One Size Fits All 68
Ontolopoúlou, Sisi 210
O-Saft 165
Osolnik, Herr 92
Ostberlin 11, 71, 80
Ostermayer, Fritz 200 f.
Ouzo 20

Pabel/Bastei (Verlag) 154
Paddy-Whiskey 121
Palm, Kurt 198 ff.
Páltsi 204
Pape, Walter 169
Pardon 24, 111
Paris 52, 54, 93, 130, 147
Penndorf, Gudrun 122
Perpich, Mike 96
Phettberg, Hermes 201 f.
Pierenkämper, Franz (bzw. Fränzken) 15, 17 f.
Pierenkämper, Harry 18
Pierenkämper-Rupp, Harry 14
Pink Floyd 211
Pitschmann, Petra 188 f.
Pizza Boy 68
Poitín 206
Polgar, Alfred 28
Polt, Gerhard 171 ff.
Pooh's Corner 185
Poschmann, Herr 112
Poth, Chlodwig 171, 173
Powers 207
Prenzlauer Berg 11
Press, Hans Jürgen 107
Pripps-Bier 164
Profil 199
Pu der Bär 26, 160, 170

Quade, Frau 112
Quadflieg, Will 187
Quasimodo 58
Questi, Giulio 58
Quinn, Freddy 129

Rabb, Bernie 95
Rachmaninow, Sergeij 138
Raddatz, Fritz J. 13, 84 f.
RAF 91
Raiter, Dunja 126
Ramsey, Bill 161, 170
Rasputin 70
Raubal, Geli 103
Reeperbahn 127
Regensburg 125
Reich, Asher 162
Reinbek 29
Reinecke, Lutz 77
Résistance 53
Retsina 20
Rickelt, Martin 192
Ringelnatz, Joachim 110, 152, 169
Rocholl, Karin 87
Rogée, Marianne 192
Rogosky, Wolf 111
Röhl, Klaus Rainer 86 f.
Röhl, Wolfgang 87 f.
Röhn, Andreas 129
Roll, Betty 101

Rolling Stones 146
Rönneburg, Carola 164
Rosenthal, Renate 179 f.
Rosenstock, Gabriel 111
Rosset, Barney 97 f., 101
Rote-Socken-Deputat 74 f.
Rotwein 150, 163, 173, 198, 210
Rousseau, Jean Jacques 147
Rowohlt, Ernst 31, 84, 144
Rowohlt, Jörg 13
Rowohlt, Ulla (siehe: Ulla)
Rowohlt Verlag 10, 13, 20, 28 f., 31, 52, 65, 78 f., 93 f., 106 f., 117, 119, 144, 152, 212
Rubinowitz, Tex 200
Ruff, Frau 55 f.
Rühmann, Heinz 192
Rühmkorf, Peter 212
Rupp, Harry 14
Rupp, Max 14

Salomon, Ernst von 35, 84
Samsa, Gregor 40
San Francisco 68, 71
San Juan-les-Pins 52
São Paulo 31
Sarikakis, Beate 193
Scharping, Rudolf 170
Schiller, Frau 57
Schiller, Friedrich 19
Schillertheater 196
Schmidt, Saladin 19
Schmidt, Verena 67
Schneider, Jürgen 121
Schokoladenpuddingduell 194
Schöller, Marga 70 f.
Scholz, Katja 162
Schriever, Wongi 46
Schröder, Gerhard 169, 192
Schütz, Heinrich 169
Schwäbische Post 67
Schwarzer, Alice 152
Schwedenstaffel 45
Schwejk 32, 192
Scotch 73, 149, 206 f.
Seckbach 150
Sedaris, David 142, 153
Seitz, Herr 45
Shakespeare, William 72, 193
Shelton, Gilbert 122, 130 f.
Shikane, Mustafa 58
Siems, Elke 176
Siems-Weisbach, Johann Ulrich 43, 47
Silverstreak 165
Smírlis, Iórgo 206 ff.
Sommer, Elke 154
Sonja 189
Sounds 154
Soul Caravan 25
Soller (Kneipe) 37
Sorrentino, Gil 96
Souvenirs, Souvenirs 170
Spardosen-Terzett 170
Sparkel, Hank J. 154
Spiegel 107, 209, 212
Spyris, Johanna 118
Spürkel, Hans-Jürgen 154
Stabwitz, Herr 14
Stammel, Heinz J. 153 f., 156
Star Club 129
StarTrek 115
Stasi 80 f.
Stassis 204 f.
Steen, Herr 92
Stern 88, 153
Stifter, Adalbert 89
Stroucken, Gerd 56, 61, 108 f.
Stuttgart 66 f.
Suhrkamp-Insel-Verlag 10, 55, 69
Suhrkamp Verlag 57, 60, 62, 65f., 75, 77 f., 123, 144, 146
Summerhill 107
Szczesny-Verlag 106

Tabori, George 169
Tadsch Mahal 30
Tante Ingeborg 27
Tante Renate 24, 27
taz 73, 125, 173
Tennessee Waltz 195
Thälmann-Brigade 102 f.
Thälmann, Teddy 103

The Dead 113
The Garlics 125
The Last Man Alive 106 f.
The Piper At The Gates Of
Dawn 211
The Wind In The Willows 85,
156
The Wings 129
Thomas, Dylan 48
Titanic 79
TOM 164
Tonic 165
Töte, Django 58
Toxi 33 ff.
Transatlantique (Musikkneipe)
130 f.
Traxler, Hans 138, 151
Trophäenwald 161
Trude 194
Trulla 37 ff.
Tschik 89
Tsípouro 204, 206
Tübingen 137, 153
Tütenpimmel 179ff.
TV – Hören & Sehen
Twen 72

Ulbricht, Walter 71
Ulla (Rowohlt) 37, 60 f., 63, 87,
90, 93, 100, 139, 148, 164,
180, 184, 209, 211
Ullmann, Robert 154, 156
Ullrich, Rüdiger 37
Ulysses 144 ff.
Unseld, Siegfried 77 f., 144
Unter dem Milchwald 48

Vaihingen 66
Vegesack, Thomas von 163
Venedig 180
Verlag der Autoren 75
Vijay 57 ff.
Volos 69, 209
Vonnegut, Kurt 161
Voscherau, Henning 23

Wachsmann, Herr 55
Waechter, F. K. 107, 111
Walddörfer Schule 42 ff.
Waldhaus zum Hirsch 91 f.
Wassili 208
Waters, Roger 211
Weber, Stoffel 43
Wedekind, Frank 110
Wegener, Dr. 107
Weinzierl, Ulrich 28
Weisenborn, Christian 142
Werner, Erika 137
Westberlin 70, 119
Westerland 36
Westphal, Bernd 92
Whiskey 5, 73, 137, 149, 215
Wiesbaden 24 f., 27
Wien 149, 198
Wieselmann, Herr 55
Widmer, Urs 96
Wilna 18
Wildbad Kreuth 174
Winterthur 190
Wischi (siehe Vijay)
Witt, Klaus-Peter 196
Wolf, Christa 152
Wollschläger, Hans 144, 146
Woodstock 40
Wübbelsmann, Michael 120

Zappa, Frank 151 f.
Zeitbeben 161
Zeit-Magazin 11
Zick-Zack 93
Zillertal (Kneipe) 127 f.
Zischler, Hanns 65
Zürich 27 f., 30, 149 f.
Zweitausendeins 77, 122

INHALT

Vorwort von *Wiglaf Droste*

1. Tag: Kindheit – 9

2. Tag: Lehrzeit – 51

3. Tag: Amerika – 83

4. Tag: Übersetzungen – 105

5. Tag: Preise – 159

6. Tag: Lindenstraße – 183

7. Tag: Griechenland – 203

Epilog – 213

Register – 216

Aus der Reihe Critica Diabolis

21. Hannah Arendt, Nach Auschwitz, 13.- Euro
33. Wolfgang Pohrt, Das Jahr danach, 10.- Euro
36. Eike Geisel, Die Banalität der Guten, 13.- Euro
45. Bittermann (Hg.), Serbien muß sterbien, 14.- Euro
47. Georg Seeßlen, Tanz den Adolf Hitler, 14.- Euro
50. Harry Mulisch, Die Zukunft von gestern, 10.- Euro
55. Wolfgang Pohrt, Theorie des Gebrauchswerts, 17.- Euro
57. Georg Seeßlen, Natural Born Nazis, 14.- Euro
60. Guy Debord, Panegyrikus, 16.- Euro
62. Susanne Fischer/Fanny Müller, Stadt Land Mord, 10.- Euro
63. Jane Kramer, Unter Deutschen, 10.- Euro
65. Guy Debord, Die Gesellschaft des Spektakels, 20.- Euro
71. Kay Sokolowsky, Who the fuck is Alice Schwarzer, 12.- Euro
73. Robert Kurz, Dabeisein ist alles, ca. 14.- Euro
75. Eike Geisel, Triumph des guten Willens, 15.- Euro
77. Fritz Eckenga, Ich muß es ja wissen, 12.- Euro
80. Das Who's who peinlicher Personen, Jahrbuch 98, 13.- Euro
83. Roger Willemsen, Bild dir meine Meinung, 10.- Euro
86. Wie Dr. Joseph Fischer lernte, die Bombe zu lieben, 15.- Euro
87. Bittermann, It's a Zoni, 10 Jahre Wiedervereinigung, 13.- Euro
88. Das Who's who peinlicher Personen, Jahrbuch 99, 13.- Euro
89. Henscheid, Meine Jahre mit Sepp Herberger, 20.- Euro
90. Wiglaf Droste, Bombardiert Belgien! 14.- Euro
91. Fritz Tietz, Die Kunst einen Papst zu erlegen, 12.- Euro
92. Joe Bauer, Ich gebe alles. Ein mentaler Anpfiff, 14.- Euro
93. Klaus Bittermann (Hg.), Meine Regierung, 14.- Euro
94. Christian Gasser, Mein erster Sanyo, 14.- Euro
95. Das Who's who peinlicher Personen, Jahrbuch 2000, 13.- Euro
97. Wolfgang Nitschke, Bestsellerfressen II, 13.- Euro
98. Guy Debord, Potlatch, Lettristische Internationale, 22.- Euro
99. Wiglaf Droste, Die Rolle der Frau, 14.- Euro
100. Jon Savage, England's Dreaming, Sex Pistols, 29.- Euro
101. Hartmut El Kurdi, Mein Leben als Teilzeit-Flaneur, 13.- Euro
102. Das Who's who peinlicher Personen, Jahrbuch 2001, 14.- Euro
103. Georg Seeßlen, Der Tag als Mutter Beimer starb, 17.- Euro
104. Harry Rowohlt erzählt Ralf Sotscheck sein Leben, 17.- Euro
105. Jean-Michel Mension, Die unfertigen Abenteuer, 17.- Euro
106. Seeßlen & Metz, Krieg der Bilder, Bilder des Kriegs, 14.- Euro

Internet: http://www.txt.de/tiamat

AT SWIM TWO A's
AT SWIM THREE ASSES
AT SWIM TWO THINGS
AT SWIM FOUR BI
AT SWIM TWO ROCKS
AT SWIM FOUR PIGS
AT SWIM FOUR MEN
AT SWIM TWO BO
AT SWIM TWO A's
AT SWIM THREE ASSES
AT SWIM TWO THINGS
AT SWIM FOUR BIRD
AT SWIM TWO ROCKS
AT SWIM FOUR PIGS
AT SWIM FOUR MEN
AT SWIM TWO BOT
AT SWIM TWO A's
AT SWIM THREE ASSES
AT SWIM TWO THINGS
AT SWIM FOUR BIRDS